国家社科基金重点项目（14AZD090）
第50批教育部留学回国人员科研启动基金
中央高校基本科研业务费专项项目（DUT15QY22）　　联合资助
大连理工大学研究生教学改革与研究基金重大项目（JG2014002）
大连理工大学研究生教学改革与研究基金重点项目（JG2014018）

e-HR系统设计与实践

商 华 著

科学出版社

北 京

图书在版编目（CIP）数据

e-HR 系统设计与实践 / 商华著. —北京：科学出版社，2016.9
ISBN 978-7-03-050020-5

Ⅰ.①e… Ⅱ.①商… Ⅲ.①信息技术-应用-人力资源管理-研究
Ⅳ.①F243-39

中国版本图书馆 CIP 数据核字（2016）第 230554 号

责任编辑：朱萍萍 吴春花 / 责任校对：郑金红
责任印制：徐晓晨 / 封面设计：
联系电话：010-64035853
电子邮箱：houjunlin@mail.sciencep.com

科学出版社 出版
北京东黄城根北街 16 号
邮政编码：100717
http://www.sciencep.com

北京凌奇印刷有限责任公司 印刷
科学出版社发行 各地新华书店经销

*

2016 年 9 月第 一 版 开本：720×1000 B5
2018 年 5 月第三次印刷 印张：9
字数：173 000
定价：68.00 元

（如有印装质量问题，我社负责调换）

前　言

知识经济和信息时代的飞速发展对传统思维观念下的高校人力资源管理教学的建设与实践提出了新的要求和挑战,引发了高校人力资源管理教学的深刻变革。与传统人力资源管理系统不同,e-HR 是从"全面人力资源管理"的角度出发,利用 Internet/Intranet 技术为 HR 管理搭建个性化、规范化、网络化、动态化的工作平台,在满足 HR 部门业务管理需求的基础上,还将 HR 管理生态链上不同的角色联系起来,使得 e-HR 成为单位实行"全面人力资源管理"的平台。人力资源管理软件能建立完整的人力资源管理体系,规范人力资源业务流程,集中管理人力资源信息,实现全集团有效的人力资源管理与监控。同时建立全面、完整的人力资源分析体系,借助各种高级分析、报表和灵活的查询能力,为企业决策提供强有力的支持。

e-HR 是一门应用性极强的交叉学科。作为人力资源管理信息化系统方案设计和实践操作的指导书,本书将人力资源的理论和方法与软件实用操作技巧结合起来,以用友 e-HR 软件平台为载体,采用案例研究方法,系统地介绍了 e-HR 系统的各个功能模块,从理论介绍、实验介绍和实验练习三个篇章介绍了人力资源管理中各项功能的计算机系统操作步骤。通过该系统,读者可以得到人力资源管理信息化的操作方法与技巧训练,掌握分析和解决人力资源管理问题的基本能力。本书实践操作性强,图文并茂,简洁易懂,可为系统的开发设计和方案操作者提供有效指导。

本书得到国家社科基金重点项目(14AZD090)、第 50 批教育部留学回国人员科研启动基金、中央高校基本科研业务费专项项目(DUT15QY22)、大连理工大学研究生教学改革与研究基金重大项目(JG2014002)、大连理工大学研究生教学改革与研究基金重点项目(JG2014018)资助。在编写过程中参阅了国内外有关文献,引用了部分用友 e-HR 软件操作指南内容。研究生闫丽丽参与了部分文字编写工作,在此一并表示衷心的感谢。

商　华

2016 年 7 月 10 日

目 录

e-HR 理论

本章以用友 e-HR 软件平台为载体，以理论为基础，从开发环境、业务功能、应用特点和应用价值四个方面介绍了 e-HR 这种个性化、规范化、网络化、动态化的工作平台，让读者了解当前人力资源管理中所包含的基本项目内容及 e-HR 系统的各个功能模块，弄清其中的关系。

第一节　e-HR 开发环境

一、Java 技术

Java 是一种基于网络计算的开发语言，基于 Java 开发的应用程序是基于 Web 的。另外由于 Java 的平台无关性，使得应用程序可以运行在不同硬件平台和操作系统平台上。随着 Internet 的迅速发展，应用软件的开发工具转向 Java 是一种必然的趋势，它代表着未来软件开发技术的潮流。

Java 是一种简单的、面向对象的、分布式的、结构中立的、安全的、可移植的、解释的、性能优异的、多线程的、动态的开发语言。

自诞生以来，Java 受到了各软、硬件厂商的广泛支持。各大型计算机厂商纷纷宣布他们的产品能更好地支持 Internet、支持 Java，并且很多应用软件厂商纷纷推出了采用 Java 开发的应用程序。Java 的良好表现证明它是一种成熟、可靠的开发语言。

二、EJB/J2EE 框架体系

EJB 规范是 Sun 公司提出的跨平台的、服务器端组件规范，是为开发和部署 N-Tier、分布式、面向对象的 Java 企业级应用系统而设计的；EJB 规范是开放的技术标准，有众多领导厂商的支持，是 Sun 公司 J2EE Platform 的核心和基石。

EJB 框架体系具有平台无关性、可扩展性强、可靠性高的特点。EJB 框架体系简化了服务器软件的开发，可以比较容易地开发出质量非常高的服务器代码。EJB 框架体系如图 1-1 所示。

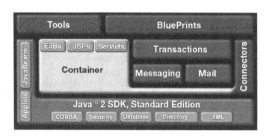

图 1-1　EJB 框架

三、B/S 结构

Browser/Server（浏览器/服务器）是一种基于先进技术的网络配置方案，也是配合 Internet/Intranet 建设的最佳方案。这种技术平台的方案最大限度地方便了用户部署和维护大型软件系统，从而大大降低了用户目标系统的总体拥有成本（TCO）。

客户端使用浏览器进行人机交互，包括数据的输入和数据显示；Web 服务器主要负责对客户端应用程序的集中管理；应用服务器主要负责应用系统的逻辑结构和数据关系，即事务处理。应用服务器又可以根据其处理的具体业务不同而分为多个；数据库服务器则主要负责数据的存储和组织、分布式管理、备份和同步等。B/S 结构如图 1-2 所示。

客户机　　　Web服务器　应用服务器　数据库服务器

图 1-2　B/S 结构图

采用 B/S 多层结构有以下优点：浏览器界面易学易用，使用者无需掌握太多技术知识；升级简便，只需在应用服务器端进行升级操作；大大降低了安装和维护费用。

第二节　业务功能介绍

一、设计思路

e-HR 管理软件的核心理念是着力于建设一个"适合各种人力资源管理解决方案的信息平台"。

网络化和信息化带给企业最大的挑战是：如何利用信息技术整合企业的内部资源，实现人力资源的有效规划、利用和开发。网络时代的企业业务运作如图 1-3 所示。

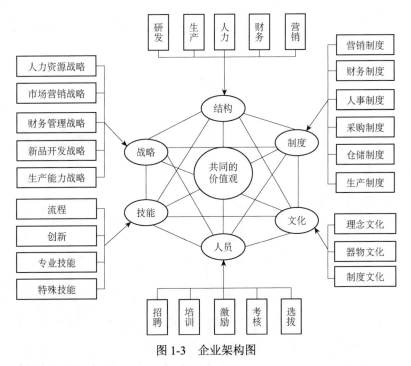

图 1-3　企业架构图

根据图 1-3 的企业架构图，再结合基础信息、流程处理、管理工具、战略实现结构图（图 1-4），我们首先将企业战略放在单位运营的最顶端，将战略思想解释为单位的运营结构。其次,我们需要对单位流程进行大量的优化以支持单位业务的开展。在最底层,我们需要以信息为支撑,实现高效可实现的运作。

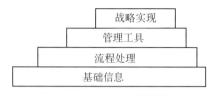

图 1-4　企业运作结构图

我们实施解决方案的基础是企业战略,这个方案主要由人力资源战略、人力资源管理流程、IT 基础设施和软件技术三部分组成。因此企业的运作要实现战略、流程和技术三方面转型。战略通过确定企业长期的发展方向得以明确,包括单位总体战略,含人力资源战略(招聘战略、留人战略、开发战略)。流程的目标是整合内部资源和能力,主要包括 HR 规划流程、薪酬管理流程、职业管理流程等。技术是我们实现运作模式转变的手段。人力资源管理技术主要体现在分析、综合、判断上。在实现人力资源管理 e 化过程中,业绩考核、人才素质测评与岗位评估是非常典型的 HR 管理工具,可以从整体上提高运作效率。运作转型方式的改变大体如图 1-5 所示。

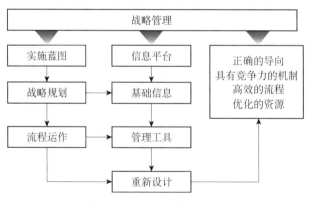

图 1-5　企业运作转型方式

基础信息、流程处理、管理工具、战略实现的人力资源管理集成解决方案的实施团队包括战略专家、信息技术专家、人力资源经理。解决方案的实施在未来包括三个阶段的变化,如图 1-6 所示。

从传统人事管理到流程化人力资源管理将使企业迈出决定性的一步。在人力资源管理阶段,企业管理者主要考虑如何吸引优秀人才、合理安排人力资源、降低人员成本、积极鼓励创新、提高企业竞争力。e-HR 方案推出的企业人力资源管理系统设计就是以此为出发点,功能范围从单一的工资管理、人事信息管理发展到可为集团企业的决策提供及时正确的数据,为人力资源管理提供现代化的流程管理工具,为员工提供一定自助功能的全方位解决方案。

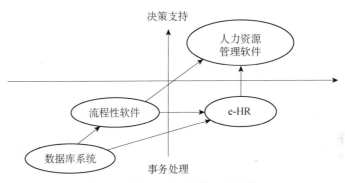

图 1-6 解决方案实施的三个阶段

要实现流程化人力资源管理运作,需要流程化的人力资源管理软件。我们首先要明确人力资源管理的主要任务,如图 1-7 所示。

（1）吸引人。完善集团企业形象,提供优越的发展机会与工作环境。

（2）认识人。编制员工需求计划;确认职位的责任、要求条件和待遇;招聘时的面试、复试及录用。

（3）培养人。提供长期的培养计划,创造良好的成长环境。

（4）激励人。采取多种方式,逐步培育本集团企业的独特文化。

（5）运用人。将适合的人分配到最适合于其发展和创造贡献的岗位上。

（6）保留人。和员工订立劳动合同,提供薪酬福利、激励;给员工设置目标、定期考核;创造良好的工作环境;员工任免、调动、晋升、奖惩。

（7）发展人。明确各职位现在和将来的技能需求,提供发展机会。

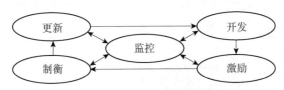

图 1-7 人力资源管理的主要任务

这些主要任务表现在以下几个体系的建设中（图 1-8～图 1-10 和表 1-1）。

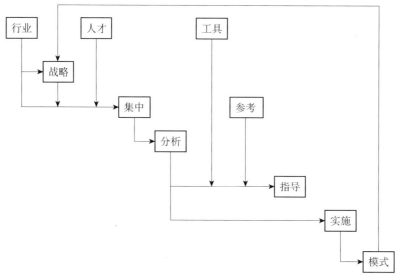

（a）人力资源管理软件体系建设的基本思路

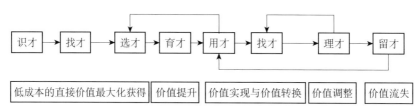

（b）用友人力资源管理体系中人才价值的实现

图 1-8　人力资源管理软件体系建设的基本思路

表 1-1　总体应用功能框架

e-HR	版本号		
	5.6 版		
UAP 平台（权限管理、预警平台，工作流配置平台，审批流平台，自定义报表，外部数据交换平台，动态会计平台，二次开发平台）			
职务职能管理	人员信息管理	员工离职管理	员工调配管理
员工培训系统	考勤管理系统	休假管理系统	劳动合同管理
薪酬管理系统	福利管理模块	政策制度管理	
招聘管理系统	绩效管理系统	综合报表模块	人力资源规划
自助服务（含决策支持、经理自助、员工自助服务）			

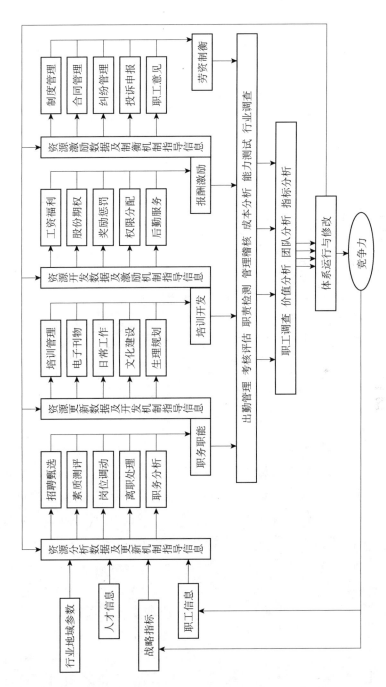

图 1-9 人力资源管理理想在软件中的体现

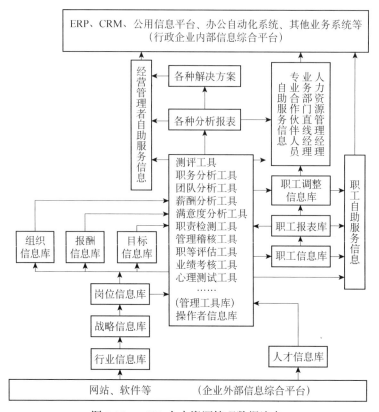

图 1-10　e-HR 人力资源管理数据流向

1. UAP 平台

（1）权限管理。组织总部及各分支机构管理本级用户并分配权限；总部以集团用户身份登录可实现指派人员进入分子公司，并对所有用户分配权限，实现集中管理；可按照功能模块、功能节点、功能按钮对用户分配权限，实现操作权限与浏览权限相分离，并使权限管理细化到字段；用户权限的灵活分配，可将多用户置于一组，或同一用户置于多组，从而进行权限分配；提供对用户组分配基础数据访问权限的功能，实现部门员工只能访问本部门数据。

（2）审批流管理。系统提供晋职、离职、加班、调班和培训需求等十余种单据审批事务，并可自定义审批事务，有审批流和直批两种形式可供选择；以用户、用户组为单位，自主定义流程的申请人、审批人、审批路径，迅速提升工作效率；可为审批人指定代理人，提供审批人指派审批事务的功能；系统提供审批人锁定功能，使审批工作转向代理人；方便的角色调整功能，在审批人员职务变动或离职后，可轻松调整人员。

（3）预警管理。系统提供员工生日预警、合同到期预警、员工转正预警和自定义预警；可灵活设定预警周期、预警提前时间，实现对事件的准确掌控；自定义预警信息接收用户，并可选择邮件、登录、触发点等多种预警信息通知方式；预警功能插件可按照组织的不同业务功能进行开发。

（4）自定义报表管理。系统提供了丰富的统计报表功能，允许用户自定义统计报表的格式和统计条件；用户可以直观、方便地定义报表格式及统计条件；可以按单位、部门、人员分配报表和统计条件的使用权限；可以生成包括公务员情况年报、企业事业单位工资情况年报、事业单位管理人员和专业技术人员情况年报等多种人事统计年报；可自动完成各类报表的统计和汇总工作。系统还设置了干部任免审批表、专业技术职务聘任呈报表等多种报表。

（5）统计查询功能。e-HR 软件的统计查询功能分散在各个功能节点中，以业务功能为统计对象。通过这些节点，可以对任意多条件或多个指标进行统计。不但可以对用户数据库进行统计，还可以按查询结果对部分人员进行分类统计。统计结果以二维或三维直方图、饼图、环形图等多种图形方式表示，并可将统计出的结果——数字和图形转到其他办公软件中进行再编辑输出，做出图文并茂的分析报告。还可以对数值型、日期型信息进行总和、平均值、最大值、最小值等数据计算，随时向领导提供各种人事数据。用户可按任意一个或几个字段、任意组合条件进行查询，随时查出所需要的人员或组织信息；可随时调用常用查询条件，满足日常信息查询工作的需要，提高工作效率。

（6）其他。外部数据交换平台、动态会计平台、二次开发平台。

2. 职务职能管理

支持多种组织结构设计模式，灵活设置各级组织机构和机构间的上下级关系；可输出不同级别、不同范围的组织结构图；支持虚拟组织（长期或临时性项目团队等）设置，灵活制定虚拟组织人员和分配角色；可按不同级别的组织实现编制控制，支持建立长期的编制年度控制规划；建立后备人才管理和维护数据库，为组织管理队伍和核心人员队伍的建立提供依据；实现职位现任人员和曾任人员的对比分析，进行组织内部各层次及各职位任职情况分析；支持对组织人员的职称体系管理；提供岗位合并功能。

3. 人员信息管理

提供对在职员工、解聘员工、离退员工的档案管理和报表输出功能；可根据组织的实际需要，从符合人事信息指标代码标准管理指标集、管理指标项等众多信息字段中选择,自定义员工档案结构,记录所有员工的基本信息或个性化信息;实现跟踪记录员工从入职到离职全过程的历史记录,包括职位变动、奖惩情况、学习经历、工作经历、培训经历等;提供对晋升、降职、辞职、辞退、退休、下岗等人事变动的申请、审批管理。

可按时间、部门等进行查询统计,并可输出个人资料单项、综合列表,为人员优化配置提供依据;灵活定义多种员工信息卡片和员工花名册样式,实现输出形式的个性化和多样化;既可对在职、解聘、离退等各类员工进行年龄、学历结构等简单统计分析,又可对员工基本情况、员工变动、考核、履历等范围进行自定义的统计分析,实现结构和信息的多方位掌控。

4. 员工调配离职管理

人员调配管理模块,可灵活定义人员调配类型;灵活设置人员调配手续办理流程,详细记录人员调配信息,记录调配、转岗原因并进行统计分析;提供转岗员工详细的资源使用清单、财务处理清单、工作交接清单及培训情况清单;下岗员工管理,包括再就业培训计划、社区安置计划等。

可灵活定义离职类型;灵活设置离职手续办理流程,详细记录离职信息;记录离职原因,便于统计分析,为企业管理尤其是 HR 管理提供绩效改进的诊断依据;提供离职员工详细的资源使用清单、财务处理清单、工作交接清单及培训情况清单;离职时,员工的公司资源占用情况将以清单形式告之相关人员,并同时自动提示相关模块中止其管理业务,如相关月份的考勤和薪资等;离职员工个人档案信息可从在职人员库转入离职人员库。

5. 劳动合同管理

建立劳动合同及岗位协议、保密协议、培训协议模板,确定各类合同的基本属性及内容;各类合同的签订管理,记录签订情况并对合同的变更、续签进行跟踪管理;记录员工解除或终止合同的情况;试用期到期、劳动合同到期自动提醒,提前天数自动定义;解除劳动合同经济补偿金及违约金的计算;提供各种劳动合同文书并可随意增删、打印;可批量打印一批员工的各类合同;提供合同台账管理,随合同情况变化自动更新,便于查询统计合同签订总体状况。

6. 政策制度管理

提供相关国家劳动人事法律法规、政策制度资料库;资料库具备可扩充性,可动态添加国家、地方出台的相关政策法规;强大的检索查询功能,可选择浏览多个查询结果窗口,实现多文档同时检索,可打印输出;管理组织内部劳动人事规章制度，提供内部制度和文书批转管理。

7. 薪酬管理

支持对岗位工资、结构工资、绩效工资等多种模式的管理；支持个人所得税的代扣代缴，支持工资的多次或分次发放；工资发放支持银行代发，提供代发数据的输出功能，同时也支持现金发放，提供分钱清单功能；可以设置并计算由于年假、事假、病假、婚假、丧假等带薪假期，以及迟到、早退、旷工等对薪资的扣减；存储完整的历史信息供查询和生成报表；通过动态会计平台与财务系统的总账连接，直接生成总账凭证，生成的项目数据录入项目成本系统。

可进行多级薪资标准设置；实现网上工资定级、调整的申请、审批；自动实现工资核算及计算社会保险等代扣代缴项目；工会会费等经费计提的内容和计提的比率可以进行设置。

8. 福利管理

自定义福利类型，设置福利提取条件，通过定义不同的福利和保险类别支持对各种福利、保险的管理和提取；支持福利定期提取，福利的补缴、转入转出等；提供向相关管理企业报送相关报表及相应的统计分析的功能；系统提供通过动态会计平台与财务系统的总账连接，直接生成总账凭证，生成项目数据录入项目成本系统。利用不同的福利类别可以支持不同部门间、同一组织内不同人员间适用不同的福利政策。

9. 休假管理

可以自定义休假类别，如年假、事假、病假、探亲假、工休假等；可以灵活设定组织规定的休假制度（假期规则）；员工享有的假期天数可以根据多个因素由系统自动计算；针对不同的员工可以设定不同的休假计划，并对所有休假情况进行记录；提供休假到期预警功能，同时提供销假的处理。对员工休假情况进行统计，员工各类假期的已休假期及余数可以随时进行查询。

10. 绩效管理

系统支持人员个人述职，员工对领导、其他同事的民主评议等多种评估方式；支持对员工的专项考核；绩效评估标准可实现多级细化，使考核人准确定位工作绩效；预置月、季、年三种考核周期，支持设置多种绩效评估方案，能够对不同岗位采取不同的评估方案；实现以 360 考核为基础的考核模式，考评人员涵盖上下级、同事、内外部相关人员等，可针对岗位灵活选取考评人员；系统提供员工对比分析、指标对比分析、部门对比分析、个人历史对比分析等多种统计方式。

11. 培训管理

可对培训机构、培训教师、培训场地、培训资料等资源进行系统管理和评估，时时更新评估信息；支持拟定培训活动理论体系，确保培训活动的系统性；可按照季度、年度采集培训需求，并进行培训需求的对比分析；支持研讨会、课堂讲授等多种类型的外训，以及公司内训；能够编制公司和部门培训计划，涵盖培训目标、费用预算、培训方式、参加人员、时间等多项内容；实现对培训项目、培训活动的申请和审批、评估培训结果等进行全过程监控；全面记录员工培训参加情况、培训成绩、培训时间等相关员工培训档案；提供对培训情况的多条件查询和统计分析，支持生成员工、部门、培训项目等多种报表。

系统可根据岗位设置、绩效管理、部门和员工提出的培训建议和要求进行培训规划。

12. 考勤管理

支持机器考勤和手工考勤两种方式；灵活定义考勤开始和结束时间、考勤记录规则、休假规则、考勤日历，体现组织特点；多种班次定义方式，提供夜班和跨天设置，可按部门或岗位生成工作日历；灵活设置倒班和节假日加班、值班类型，自定义各种请假种类和假期计量单位，并与薪资管理系统对接。

提供多种考勤日报、月报、年报及员工休假报表，可按员工或部门统计出勤、迟到、早退、请假、休假、加班等数据。

13. 自助服务模块

一般职员可在网上查询和维护个人基本信息；查询本人在各期间的考勤、薪资、福利的缴交和支取信息；查询公司政策、规章制度、招聘信息、培训信息；网上填写个人工作总结或述职报告、培训需求调查表；作为评估人时，填写评议量表，确认对员工本人的考核报告；网上填写调班、加班、休假、公出、离职等各种申请。

中层管理者经过授权可查询部门员工花名册、部门考勤情况、部门任职信息，进行部门员工统计分析、任职情况分析；进行继任人选维护、调配工作交接，采集部门培训需求、编写部门培训规划、申请培训活动；经过授权可更改员工考勤信息，在线管理和评估员工绩效；审批员工或下级部门的各种申请，向上级部门提交各种申请。

高层领导可自主查询组织内部人力资源的信息，进入各个模块，生成各类人力资源统计分析图表，按照预定审批流程进行网上事务审批；在条件允许的情况下（企业业务管理系统、财务系统的基础数据比较完善，并与 e-HR 平台集成起来），能够获得各种辅助决策的人力资源经营指标。

二、UAP 平台管理功能

1. 权限管理

UAP 平台可以实现以下权限管理：

（1）单位总部及分子单位管理本级用户并分配权限；

（2）集团登录用户可实现指派人员进入分子单位，并对所有用户分配权限；

（3）可按照功能模块、功能节点、功能按钮对用户分配权限，实现操作权限与浏览权限相分离，并使权限管理细化到字段；

（4）用户权限的灵活分配，可将多用户置于一组，或同一用户置于多组，从而进行权限分配；

（5）提供对用户组分配基础数据访问权限功能，实现部门员工只能访问本部门数据。

2. 报表工具

报表工具流程如图 1-11 所示。

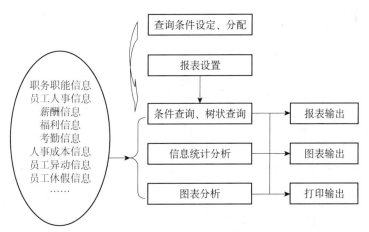

图 1-11　报表工具流程图

3. 应用特点

UAP 平台有以下应用特点：

（1）灵活自定义各种查询和报表，自主控制报表的数据范围和查询条件；

（2）对报表数据提供图表分析功能；

（3）提供报表输出的自动校验功能；

（4）实现职务、人事、薪酬福利、人力资源成本、员工变动、休假的多种信息的多种条件的报表输出；

（5）可灵活进行树状查询，满足所有员工对组织结构及相关人员信息的查询需求；

（6）可设置多条件组合的条件查询，并灵活分配权限，满足组织中的权限管理和对信息的保密；

（7）可生成多种企业人事信息的统计报表；

（8）方便实用的制表工具，方便设计完成任意复杂结构的报表，报表格式定义简单，易学易用；

（9）根据实际要求方便制作、编辑各种数据报表模板，模板本身可以方便地保存和读取，从而实现业务报表的远程维护；

（10）可以通过鼠标拖动、快捷菜单、工具栏等随意修改报表的表格线，特别是增加斜线、改变表线粗细、列宽度、行高度、插入删除行、列等；

（11）具有单元格的合并、分割功能，可制作出形状极其复杂的报表格式，更符合中国人的操作习惯；

（12）可以直观地改变报表中的所有内容，如表头、表尾的文字，包括字体、位置、内容等；

（13）开放的 SQL 查询与存储过程定义维护界面，便于系统业务报表模板的定义与增加；

（14）支持一般四则运算，数据可进行再计算、再统计。

4. 审批流管理

UAP 平台的审批流管理如图 1-12 所示。

具体的审批环节如下：

（1）系统提供加班、调班、晋升、离职、招聘和培训需求等十余种单据审批事务，有审批流和直批两种形式可供选择；

（2）以用户和用户组为单位，自主定义流程的申请人、审批人、审批路径，迅速提升工作效率；

（3）可为审批人指定代理人，提供审批人指派审批事务的功能；

（4）系统提供审批人锁定功能，使审批工作转向代理人；

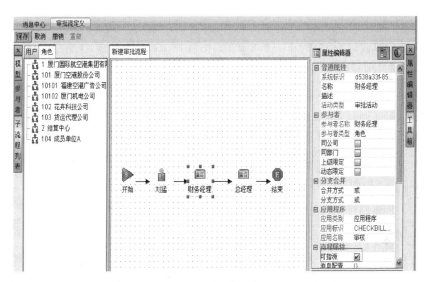

图 1-12　审批流示意图

（5）方便的角色调整功能，在审批人员职务变动或离职后可以轻松调整人员。

5. 预警管理

UAP 平台可以进行以下预警管理（图 1-13）。

预警类型	类型说明	业务插件类	预警条件个数
数据传输任务预警	数据传输任务预警	nc.bs.uap.dbtrans.TransTaskPAPlugin	1
员工生日预警	对员工生日进行提前指定天数的提示，为人…	nc.bs.hr.alert.PluginBirthday	2
员工合同到期预警	合同到期预警	nc.bs.hr.alert.PluginHetong	1
员工转正预警	对该转正的员工进行提前预警，提前天数可…	nc.bs.hr.alert.PluginZhuanzheng	1
自定义查询预警	自定义查询预警	nc.bs.pub.querymodel.pa.QueryEnginePlug…	0
考勤机数据采集定时执行导入	定时从文本文件导入员工打卡数据	nc.bs.tbm.alert.PluginTBMImport	1
kkkkkkkk	kkkkkkkkk	nc.bs.pubalarm.alertClass.kkkkkkkkkk	1
员工调配与离职期执行预警	员工调配与离职模块中对到期的申请单发出…	nc.bs.hrsm.alert.PluginStaffTurnoverPerf	2
员工工资项个人金额预警	员工工资项个人金额预警	nc.bs.wa.alert.PluginWaIndividual	0
工资项目总额预警	工资项目总额预警	nc.bs.wa.alert.PluginWaAmount	0

图 1-13　预警管理类型

（1）系统提供员工生日预警、合同到期预警、员工转正预警和自定义预警；

（2）灵活设定预警周期、预警提前时间，实现对事件的准确掌控；

（3）自定义预警信息接收用户，并可选择邮件、登录、触发点等多种预警信息通知方式；

（4）预警功能插件可按需下载（单位网站将定期发布）或开发。

6. 操作日志管理

在操作日志管理方面可以实现以下功能。

（1）系统对操作员的每笔操作都做详细的记录日志，并提供统计查询功能；

（2）系统可查询、统计、打印所有或单个操作日志内容，提供操作员的各种操作统计报表；

（3）操作员可自行检查与己有关的操作日志；

（4）可记录操作员的登录时间、登录公司、操作节点、操作按钮等每一次操作的完整信息记录。

7. 系统接口的技术要求

e-HR 系统的接入平台可以满足下列基本要求。

（1）高性能。接入平台应该实现对外部系统的接入提供企业级的支持，在系统的高并发和大容量的基础上提供安全可靠的接入。

（2）可伸缩性。保证在充分利用系统资源的前提下实现系统平滑的移植和扩展，同时在系统并发增加时提供系统资源的动态扩展，以保证系统的稳定性。

（3）可靠性。应防止非系统级的数据丢失或出错，同时提供对系统级数据丢失和出错实现恢复和容错的机制。

（4）可扩展性。在进行扩容、新业务扩展和系统接口连接中，提供快速、方便和准确的实现方式。

（5）健壮性。提供可靠的运行环境，保证系统在内部、外部的不可预知的出错情况下能够提供正确的处理机制。

（6）安全性。提供完善的信息安全机制，以实现对信息的全面保护，保证系统的正常运行。

（7）可管理性。提供良好的系统管理机制，保证可在系统运行过程中提供给管理员方便的管理方式，以处理各种情况。

三、业务模块功能列表

业务模块功能如表 1-2 所示。

表 1-2　业务模块功能列表

功能系统	业务系统功能说明
人力资源规划	实现对本地区、本行业、竞争对手，以及本单位的人力资源的基础情况进行调查、对比、分析
	实现根据组织结构变化等因素预测人力资源年度需求状况，根据现有员工状况预测人力资源内部供给情况，为供需平衡提供依据

续表

功能系统		业务系统功能说明
人力资源规划		通过对企业现有人力资源状况的分析，根据人力资源需求状况，优化现有人力资源配置
		根据企业历史数据及战略发展生成三年、五年人力资源中长期规划及人员结构等素质规划
		根据人力资源供需情况，制定年度人力资源规划，并在此基础上形成组织整体的、各个部门的季度、月度实施计划
		结合人力资源战略要求和人力资源现有情况，生成新进率、淘汰率、调整率等规划指标，确定新进、淘汰、调动、培训开发的基本目标
		能对空缺职位进行管理，作为招聘计划的重要参考依据
		根据组织规模及薪酬水平战略，进行人工成本预算的宏观管理
组织机构管理	组织管理	适应公司不同的管理需要，实现多种组织机构设计模式，实现显示权限内的各单位信息及部门信息，并自动生成组织机构图
		实现公司内跨单位复制部门，实现组织快速复制
		实现部门新增、更名、合并、转移和撤销等业务
		记录单位、部门的变更情况，满足对组织机构变更过程的管理需要
		灵活定义单位、部门的各项基本信息与辅助信息
		实现集团内虚拟组织（长期或临时性项目团队等）的设置，灵活制定虚拟组织人员和分配角色
	岗位管理	实现公司级标准岗的设置，满足公司内统一建立岗位体系的需要；实现公司内跨机构复制岗位信息
		灵活定义职务、岗位的基本信息、辅助信息、工作职责及任职资格要求等，可灵活生成岗位说明书，奠定以岗位体系为核心的人力资源管理的基础
		灵活实现岗位新增、合并、撤销与反撤销等业务
		记录岗位的变更情况，满足对组织机构变更过程的管理需要
		实现对后备人才（继任人）的管理，保障组织发展的人才储备
		基于系统登录日期，实现对历史岗位现任人员和曾任人员的信息浏览、分析、对比，为组织管理领导班子和核心人员的决策提供依据
		实现组织内部各层次及各职位任职情况分析；实现对历史任职信息的浏览
	编制管理	实现公司内组织编制的管理，分别提供单位编制与部门编制的管理
		制订及自定义设置单位编制权限两种模式，实现上级单位为权限内下级单位制订单位编制
		实现部门、岗位编制的层层分解
		实现单位编制的多版本管理，实现对相应版本的单位编制下的部门编制及岗位编制进行多版本管理

续表

功能系统		业务系统功能说明
人员信息管理	关键人员管理	为适应公司组织集中管理的需要,保障对关键岗位、领导班子的统一管理,控制人力资源信息维护权,将信息维护权统一收归公司总部,实现对全公司范围内领导班子信息的集中管理
		支持对领导班子的分类管理,各单位可分别建立自己的领导班子组,支持对领导班子组的增加、修改、删除、封存
		支持选择本单位及下级机构人员,作为本单位领导班子组成员进行管理,允许员工在多个领导班子组中存在,但每一个领导班子组中只能有一条未结束的最新记录
		设置领导班子历史信息子集,记录作为领导班子的开始时间、结束时间、领导班子组、所在公司等信息,该子集中支持再自定义增加 20 个领导班子信息项
		若某领导班子离职或发生跨单位调配业务,则需要将该员工的关键历史信息记录结束,将"离职时间"或"跨单位调配时间"回写到领导班子"结束时间"中
		权限控制:只要拥有"领导班子信息管理"节点权限,即可查询并维护在本公司设置的属于领导班子组中的人员信息,并可查看下级单位领导班子信息
	人员信息采集	设置参数控制,实现人员编码产生方式的不同形式:自动编码或手工输入
		实现外部数据的导入,充分考虑业务数据的整合
		实现人员信息子集的复制增加和非业务子集信息的批量录入
		人员信息采集"转入人员档案"时根据编制数进行超编提醒
		实现人员信息子集的唯一性校验
	人员信息管理和维护	提供对总部员工及权限内下属相关单位人员信息的浏览
		提供对所有员工的信息管理,包括高层、中层、管理人员、技术人员、工人等各种可以自定义人员分类的管理;提供公司总部领导、员工、下属机构的领导班子成员、后备干部、专业技术人才、离退休人员等不同序列人员的不同管理模式
		灵活自定义公司和部门级员工档案结构,完整记录员工从进入单位、发生变动到离职的全过程的历史信息,包括任职情况、奖惩情况、工作经历、培训信息、考核信息、合同信息、薪资变动信息等;实现记录文字信息、照片;实现将人员相关文档作为附件进行上传、浏览;同时提供扩展功能,用户可灵活实现子集信息的扩充
		实现员工信息的批量维护
		实现设置人员信息采集/维护节点中主界面列表显示的字段及字段的显示顺序
		实现对员工自助用户的批量增加,自助用户编码为人员编码,自助用户名称为人员姓名,并实现两种自助用户密码生成方式
		实现对员工自助、经理自助按节点进行权限分配
		实现根据不同单位需要,灵活定义不同的人员分类方式
		实现公司级黑名单人员的管理和维护
	人员信息分析和统计	各级单位可以动态查询、分析权限内下级单位的人员信息数据

续表

功能系统		业务系统功能说明
人员信息管理	人员信息分析和统计	预置了多种常用的员工信息卡片、花名册、查询统计模板与报表，用户也可根据需要自定义各种查询、统计、分析方案
		实现按时间、部门等条件进行查询统计，并可输出个人资料单项、综合列表，为人力资源优化配置提供依据
		灵活定义多种员工信息卡片和员工花名册样式，实现输出形式的个性化和多样化
		提供常用条件查询、定位查询、模糊查询、条件组合查询等多种查询方式，可以方便快捷地从数据库中查出某个或某类人员信息
		提供利用预警功能实现员工生日、转正、合同等自动提醒
人员变动管理	人员转正管理	实现直批与自定义审批流两种审批模式，可灵活设置人员转正流程；实现自定义设置转正时需要查看的相关信息项
		详细记录人员转正信息；可由员工自己也可由直线经理代为填写转正申请
		提供对转正到期执行的预警提示
	人员调配管理	实现跨单位调配业务；实现调出方或调入方发起调配申请
		实现批量调配业务
		可灵活定义人员调配类型，实现兼职、借调、交流、外派等多种任职模式；实现自定义设置调配时需要变动的相关信息项
		实现采用审批流或者直接记录人员变动信息两种业务处理方式，满足用户不同需要；可灵活设置人员调配流程
		与员工自助、经理自助结合，实现调配计划的在线申请与审批
		详细记录人员调配信息、调配原因并进行统计分析
		提供调配员工详细的工作交接清单
		实现调配业务操作的人员履历同步更新
		实现对不同人员类别进行调配管理
		提供对调配到期执行的预警提示
	人员离职管理	实现批量离职业务
		可灵活定义人员离职类型，实现辞职、退休、下岗、开除等多种离职模式；实现自定义设置离职时需要变动的相关信息项
		实现采用审批流或者直接记录人事变动信息两种业务处理方式，满足用户不同需要；可灵活设置人员离职流程
		与员工自助、经理自助结合，实现离职计划的在线申请与审批
		详细记录人员离职信息、离职原因并进行统计分析，为企业管理尤其是 HR 管理提供绩效改进的诊断依据
		提供离职员工详细的工作交接清单
		实现记录人员的多次离职信息，员工离职时任职结束日期回写，离职信息回写到离职子集，统计时基于离职子集进行统计分析

续表

功能系统		业务系统功能说明
人员变动管理	人员离职管理	实现对离职人员的返聘、再聘业务处理
		提供对离职到期执行的预警提示
人员合同管理	在集团范围内可跨公司签订劳动合同和各类协议	在一个公司内,不仅能够签订本公司人员的劳动合同/各类协议,还可签订其他公司人员(如下属公司管理人员)的劳动合同/各类协议,签订单位固定为当前登录公司
		在一个公司内,不仅能够查看本公司人员在本公司签订的合同/协议,还可查看其他公司人员(如下属公司管理人员)在本公司签订的/协议
		只能对在本公司签订合同的人员,进行合同变更、续签、解除、终止等业务操作
	支持用户自定义扩充劳动合同和各类协议的信息项	在上版支持劳动合同和自定义协议的自定义项的基础上,本版对岗位协议、保密协议和培训协议,也支持用户自定义扩充信息项
		在合同签订/变更/续签时,支持劳动合同、岗位协议、保密协议、培训协议和各种自定义协议的自定义信息项的显示和编辑
		在合同台账中,支持劳动合同、岗位协议、保密协议、培训协议和各种自定义协议的自定义信息项的显示和浏览
	在各类合同业务处理时可查看人员变动情况	在合同变更的查询选人界面,提供对近期变动人员的查询功能
		在合同解除/终止的查询选人界面,提供对近期离职人员的查询功能
	其他功能	提供对各类人员合同的全面规范化管理,包括劳动合同、岗位协议、保密协议、培训协议等,记录签订情况并对合同的变更、续签、解除、终止进行跟踪管理
		提供各类人员合同模板功能,确定各类合同的基本属性及内容,实现各类人员合同模板的导入、导出管理;实现附件功能
		实现解除劳动合同经济补偿金及违约金的计算
		提供各种劳动合同文书并可随意增删、打印
		实现合同模板、合同文书及合同管理全过程的附件功能
		通过合同订立管理,规范过程管理,同时有关信息直接进入员工信息库,减少数据输入量
		提供劳动合同试用期、合同到期的预警提示,以便及时处理
		实现劳动合同变更、续签信息的记录和查询管理
		实现劳动合同解除、终止信息的处理和查询管理
		提供合同台账管理,随合同情况变化自动更新,便于查询统计合同签订总体状况;可按权限查看各种附件文档的内容
		实现劳动争议事件的记录和统计管理
薪酬管理	集团薪资管控	实现设置集团级薪资体系,包括薪资类别、薪资项目、薪资期间、薪资规则表、税率表、代发银行等,对于各单位都是相同的薪酬发放方案的前提下,集团级薪资类别可直接分配给下级单位使用,而不必分别设置,从而简化用户操作,同时也满足了集团统一管控的需要
		在实现设置公共薪资项目的名称及各属性的基础上,同时实现设置公共薪资项目的取数来源

续表

功能系统		业务系统功能说明
薪酬 管理	集团薪资管控	实现薪资档案中对当前单位人员及跨单位引用人员的选择,实现对当前单位人员及跨单位引用人员薪资的发放
		实现集团总部或某个单位为本单位及下级单位制定年度工资总额及各期间工资总额
		在薪资发放时提供工资总额预警提示
		实现按用户对薪资类别的权限分配,提供单位级薪资类别权限分配功能,集团级薪资类别不必进行权限分配
		实现全集团内不同单位间多种薪酬体系设计,满足集团管理的灵活性要求
		实现不同地区定义不同的计税方法,灵活管理上税方式
	单位薪资处理	实现按照 2005 年国家税务总局出台的新的年终奖计税规定和算法,在系统中预置"全年一次性奖金"薪资类别,按照新规定进行纳税计算
		实现对薪资发放表、薪资统计报表按部门进行分页打印
		实现为某薪资类别指定其所包含的薪资发放项目
		提供对各薪资类别当前最新期间的查询
		实现薪资的定调级管理
		可灵活设置不同类型员工的各类薪资项目及其计算方式
		可自定义薪资计算参数,分别计算各薪资期间薪资类别的每个项目
		实现薪资调整批处理或指定个别员工调整薪资
		系统进行期末处理,自动将本月数据结转到下月
		可对计算有误的薪资计算进行重算,薪资发放有误的可进行重设置并执行相应处理
		提供完善的薪资统计分析功能,系统预制多种薪资查询、统计、分析工具,为制定薪资制度与调整薪资结构提供依据
		实现生成不同格式的薪资明细报表和统计报表
		薪资发放表中提供对各薪资项目是否显示的设置,不发放的期间可设置该项目不显示
	薪资发放的审批	薪资类别参数调整,增加薪资类别是否需要审批参数,当用户在需要审批和不需要审批之间进行切换时,应该满足下列条件:该薪资类别前一薪资期间已经结账,并且当前薪资期间处于未审核状态;薪资类别的审批方式切换后,如果用户反结账到上一期间则系统需将薪资类别的状态置回上一期间的状态
		不需要审批的薪资类别不能够添加到申请单据中,在薪资审核功能节点中审核通过的薪资类别才能够添加到申请单据中,在同一个薪资期间中,审批中或者已经审批通过的薪资类别(未进行取消发放操作的薪资类别)不允许加入到新的单据中,同一张申请单据中可包含多个薪资类别
		在审批流方式下,薪资类别一旦被加入申请单据则该单据内包含的薪资类别将不再允许取消复审(或取消审核)

续表

功能系统		业务系统功能说明
薪酬管理	薪资发放的审批	审批过程中可以对单据中的某些薪资类别审批通过，而对其他的类别审批不通过，审批流结束后，审批未通过的薪资类别可被加入到新的薪资发放申请单中再次进行审批，最终审批人审批通过后的单据中包含的薪资类别才能够进行下一步操作（薪资发放）
		一旦对某审批通过的薪资类别进行了取消发放操作后，该薪资类别会被认为未通过审批，此薪资类别必须再次经过审批流程后才能够进行发放
		在薪资发放审批功能节点的界面中增加明细查询功能：可列出指定薪资类别中的所有薪资项目的详细数据（当前期间），提供薪资数据变动查询功能，将本期间数据与前一期间数据进行对比，列出所有发生变化的薪资项目和薪资数据，包括本期值和上期值
	人员变化提示	在薪资档案界面和福利档案界面中，业务人员可通过此功能按钮对本期间内发生变动的人员名单进行简单的查询
		查询的时间范围：开始日期缺省为当前期间的起始日期，截止时间为期间结束日期，用户可以对时间范围进行调整
		人员变化提示中能够查询出的人员有：未加入薪资档案（或福利档案）中的新进人员、已经加入薪资档案的离职人员、未加入到薪资档案（或福利档案）中并开始兼职的人员（含兼职、借用、交流人员）、已加入到薪资档案（或福利档案）中并结束兼职的人员（含兼职、借用、交流人员）
		用户可在"新进人员"和"兼职开始"页签的人员列表中选中需要添加到薪资档案的人员，批量将人员添加到薪资档案
		用户可在"离职人员"和"兼职结束"页签的人员列表中选中需要从薪资档案中删除的人员，批量将人员从薪资档案中删除
	集成应用	实现薪资计提，可将薪资数据传送到会计平台，通过会计平台传送到总账系统
		实现薪资数据以与银行自动转账系统相容的数据格式输出，并储存于磁盘，方便向银行报盘
		与考勤休假系统链接，根据员工考勤情况调整员工薪资
		与考核系统链接，根据员工考核情况调整员工薪资或计发奖金
		与福利系统链接，可将员工福利数据返回到薪资系统中查看
		与自助系统链接，实现员工网上查询个人当月薪资及薪资历史情况
		与 xls、txt 格式文件实现数据交换
福利管理	集团福利管控	实现设置集团级福利类别，并为该福利类别指定所包含的福利缴交项目，对于各单位都是相同的福利缴交方案的前提下，集团级福利类别可直接分配给下级单位使用，而不必分别设置，从而简化用户操作，同时也满足了集团统一管控的需要
		在实现设置公共福利项目的名称及各属性的基础上，要求同时实现设置公共福利项目的取数来源
		实现按用户对福利类别的权限分配，提供单位级福利类别权限分配功能
		利用不同的福利类别，可以实现集团单位内不同单位间、同一单位内不同人员间适用不同的福利政策

续表

功能系统		业务系统功能说明
福利管理	集团福利管控	实现在福利档案中增加人员时对权限内跨公司引用人员的选择,基于福利档案中跨公司引用人员的选择,实现对跨公司人员福利的缴交
		实现自定义福利类别,设置福利类别的各种参数
	单位福利处理	实现福利日常管理,以及提供相应的统计分析
		实现福利定期提取、转入转出等
		提供向相关管理机关报送相关报表的功能
		系统提供通过动态会计平台,与财务系统的总账连接,直接生成总账凭证
		福利保险的基数计算实现手工录入、从薪资系统取数两种计算方式
		提供对各福利类别当前最新期间的查询
		实现某福利类别指定其所包含的福利缴交项目
		实现设置不一致的个人缴纳基数和企业缴纳基数
时间管理	考勤管理	提供对不同考勤机的 TXT 刷卡数据读取,提供考勤结果数据的录入或者导入
		灵活定义考勤开始和结束时间、考勤记录规则、休假规则、考勤日历,体现单位特点
		多种班次定义方式,提供夜班和跨天设置,可按部门或岗位生成工作日历
		灵活设置倒班和节假日加班类型,自定义各种请假种类和假期计量单位
		可单独或批量设置每个部门或每位员工的考勤方案;统计每位员工的月出勤结果,与薪资系统链接进行计算;提供特定时间内个人/部门/单位的出勤数据统计图表
		根据每位员工的出勤刷卡数据及考勤规则,自动判断迟到、早退或旷工情况
		实现对调班、公出、请假、加班的申请和审批处理
		提供多种考勤日报、月报、年报及员工休假报表,可按员工或部门统计出勤、迟到、早退、请假、休假、加班等数据
		指定操作员对考勤数据进行录入后的修改与维护
		对历史考勤数据提供封存功能
		对考勤异常情况提供考勤警报
	支持最小时间单位	在考勤规则功能节点中,针对迟到、早退、旷工增加"最小时间单位"参数,并且能够设定取舍方式(四舍五入、向上取整、向下取整)
		考勤日报、考勤月报、考勤月报明细报表、多期间报表中增加了迟到早退时长的统计数据,并且将按照用户定制的规则对迟到、早退和旷工的时长进行取舍
	签卡处理	增加签卡处理功能节点,去掉考勤说明功能节点
		签卡处理功能节点同样受用户权限制约,只有分配功能节点权限的用户才能够打开此功能节点,并且要按照部门进行权限控制,即某个部门的用户只能对本部门的人员进行签卡处理,不能够对其他部门的人员进行签卡
		已经被封存的考勤期间不可以进行签卡处理

功能系统		业务系统功能说明
时间管理	签卡处理	添加签卡预警参数，在考勤规则中定义参数："一个考勤期间中同一员工最多签卡次数限制"，签卡次数超过限定次数后系统会给出提示
		考勤记录生成时会自动将签卡数据与系统刷卡数据合并处理,在考勤记录生成的处理逻辑中签卡数据与系统刷卡数据相同
		提供批量签卡、签卡信息查询统计
	出差管理	用户可以灵活定义单位的出差制度，设置出差类别
		可制定出差计划，提供出差申请及审批管理，并对出差情况进行记录
		可在线查询有关人员的出差状态，如出差地点、联系方式、回归时间等
		提供出差前工作交接及出差后的补休管理
	休假管理	用户可以灵活定义单位的休假制度，设置休假类别、休假规则
		可根据员工的个人情况，自动计算年休假、医疗期、探亲假等假期天数
		为员工制定休假计划，提供休假申请及审批管理；提供休假到期预警与销假处理功能
		可自动计算和累计员工的假期；对休假情况进行统计，结果可提供给薪酬管理系统使用
	加班管理	用户可以灵活定义单位的加班制度，设置加班类别
		提供加班申请和审批管理；记录员工加班情况，并可将加班时间折算成工作日；可将经批准的加班申请自动转入加班记录，也可直接记加班情况
		提供加班后的补休管理与加班工资计算，可根据加班时点状态自动判断加班工资计算倍数，结果可提供给薪酬管理系统使用
		在加班单据生成节点根据考勤刷卡数据由系统自动生成员工的加班数据
招聘甄选	基础设置	主要用于各级公司的招聘主管对招聘业务中的基础档案、招聘渠道、标准招聘职位、人员信息转入规则等进行管理维护，是整个招聘模块开展各项业务的基础
		招聘基础档案共有人才类别、工作类型、测评阶段、入职事项四个；系统预置了常用档案内容，用户可自定义扩充和调整
		招聘渠道主要用于记录应聘人员的应聘渠道，可分为不同的渠道类别
		招聘职位可以是组织中具体的岗位/岗位序列/职务/职务簇及其组合，也可由组织自己灵活命名和自定义；招聘职位不依赖于具体的部门和岗位，仅仅是专用于招聘业务的通用称呼，只有在录用和报到时才落实到具体的部门/岗位上；系统对招聘职位提供手工新建和导入两类产生方式，其中导入方式支持选取岗位/岗位序列/职务/职务簇，导入生成招聘职位
		人员转入规则是指应聘人员信息与企业员工信息的对应规则。通过该规则定义的映射关系，可将报到入职人员的信息转到企业员工信息库中
	职位空缺管理和职位发布	各级公司的 HR 招聘主管可以建立本公司，以及权限内公司（通常为下级公司）的职位空缺及其工作职责、任职要求、招聘人数、期望到岗日期等信息，可对空缺职位进行查询、发布、取消发布、封存、解封、打印/输出等业务操作。职位发布位置为 HR 系统专门提供的发布职位浏览页面

续表

功能系统		业务系统功能说明
招聘甄选	招聘信息发布和网上应聘	首先需要在企业门户网站上创建一个招聘链接，该链接连到 HR 系统专门提供的发布职位列表页面。外部应聘人员登录企业门户网站后单击该链接，可进入企业招聘职位列表页面，查询浏览企业发布的招聘职位信息，选择有意向的职位后，应聘人员可直接填写个人应聘信息并附加简历，确认应聘后，应聘人员信息将自动传送到企业 HR 系统中
	用户自定义扩充应聘信息子集	在招聘业务中，用户可以自定义增加本单位特有的应聘人员信息子集，可以查看和维护这些子集的信息记录；人员报到入职时，通过应聘信息子集转入规则，可以将这些子集信息转入到人员信息中
	应聘人员管理	主要用于 HR 招聘主管对应聘人员及其信息进行各种维护、管理和具体应用
		应聘人员信息包括应聘登记表、背景调查、测评记录等内容，其中应聘登记表由应聘人员的基本信息、应聘信息、教育背景、工作履历、培训经历、项目经历、专业技术职务、专业技能、语言能力、奖励情况、家庭情况、社会兼职等信息组成
		可通过外部数据交换平台或人事导入工具或手工录入等方式，将应聘人员信息或业界人才信息采集到应聘人员信息库中或企业人才库中
		能够对应聘人员按姓名、性别、出生日期、工作年限、户口所在地、期望工作类型、期望工作地点、期望月薪、可到岗日期等各种条件进行灵活快捷的筛选，帮助企业快速找到最合适的人选；除了这些常用搜索外，系统还提供了高级搜索的功能
		支持对应聘人员的多样化处理：对合适的应聘人员可直接申请录用，对不合适人员可婉拒/删除，对暂不适合的人员可转入人才库备用；可以记录维护每个应聘人员的应聘状态信息
		提供简历附件功能，可以附件文档形式保存应聘人员的简历、各种证书/证明、推荐信、联络记录等信息，提供附件文档的上传、下载、浏览等功能
		提供对应聘人员的黑名单检查、面试通知、婉拒通知等功能
	人才库管理	主要用于 HR 招聘主管对后备人才库进行各种维护、管理和应用
		在招聘甄选过程中对暂不合适的人员可酌情转入人才库中，留作备用；日常工作中也可通过各种途径收集人才信息，导入或录入到人才库中进行人才储备
		对库中人才可进行分类/分级，可记录入库日期、人才来源、人才说明、人才流向等信息；可将本公司的后备人才共享给集团其他公司，形成集团共享人才库
		可对库中人才按各种条件进行灵活快捷的筛选，帮助企业找到合适人选；可对库中人才直接申请录用；对库中不合适的人才可进行清除
		提供简历附件功能，可以附件文档形式保存库中人才的简历、各种证书/证明、推荐信、联络记录等信息，提供附件文档的上传、下载、浏览等功能
		提供对库中人才的黑名单检查、面试通知、录用通知等功能
	录用管理	主要用于各级公司 HR 招聘主管对拟录用的应聘人员填写录用申请单，提交各级审批人进行审核，记录相关的录用结果信息
		录用申请时可从应聘人员库或人才库中选择拟录用人员，记录具体录用到哪个公司/部门/岗位、薪资待遇、合同意向、到哪个公司报到等信息；允许录用岗位与应聘人的应聘职位不同，应聘职位可多个，录用岗位只能一个
		支持对录用申请审批流程的灵活设置，支持跨公司审核，支持不审批直接录用

续表

功能系统		业务系统功能说明
招聘甄选	录用管理	支持单人录用申请和审批，也支持多人批量录用申请和统一审批
		支持对录用申请/审批信息和状态的查询，可将未录用人员酌情转入人才库中备用
		录用申请/审批时，可根据单位/部门编制数进行超编提醒
		支持录用通知、报到通知、婉拒通知等各种通知功能
	报到管理	主要用于各级公司 HR 招聘主管或人事主管为前来报到的录用人员办理各种报到手续并做报到记录，然后通知实际用人单位/部门接收人员；录用人员到用人单位/部门实际上岗后，用人单位/部门需要反馈其入职确认信息；最后 HR 招聘主管或人事主管将应聘人员的信息从招聘系统转入到入职公司的人员信息库中
		支持跨公司报到业务，如集团总部统一招聘，到集团总部报到，再分配到下属用人单位去入职工作
		若录用时确定了合同相关信息，则人员报到/入职/归档后，系统在合同管理模块将自动产生一条未生效的合同记录，合同主管查看后可酌情生效，签订劳动合同
		支持各种通知功能，如通知用人单位/部门准备接收人员；通知财务部、行政部、信息技术部、人事主管、薪酬主管、合同主管、培训主管等相关部门/人员准备为报到人员办理各种入职手续
		能够记录/维护每个报到人员的各项入职手续的办理情况，如办公设备是否领取，员工胸卡/工资卡是否办理，档案是否转入，保险/公积金是否转移等信息
	培训管理	实现构建集团培训体系，培训项目、培训活动和培训课程实现多种类别和分类方式，可构建多级培训类别
		培训规划和培训活动中实现跨公司选择参训人员
		实现对参训人员每门课程的成绩/学时的管理
		进行培训需求的管理和评估，可按照季度、年度采集培训需求，并进行培训需求的对比分析；提供部门或个人培训需求的申请管理
		根据培训需求制订培训规划与相应的培训实施计划，编制单位和部门培训计划，涵盖培训目标、费用预算、培训方式、参加人员、时间等多项内容；可对计划进行查询、统计
		实现对培训项目、培训活动的申请和审批、评估培训结果等进行全过程监控
		对实施的培训项目进行记录管理，对已实施培训项目情况进行查询和统计；可对内外师资、培训机构、培训课程、教材资料等进行管理
		对培训机构、培训教师、培训场地、培训资料等资源的系统管理和评估，时时更新评估信息；对培训效果进行跟踪管理，形成反馈结果；对培训费用进行管理；对培训结果进行各种统计分析，如成本、效果分析等
		全面记录员工培训参加情况、培训成绩、培训时间等相关员工培训档案；实现对参训人员每门课程的成绩/学时的管理
		申请培训活动时培训方式、培训类别允许多选；实现培训活动单据模板的设置和分配
		提供对培训情况的多条件查询和统计分析，实现生成员工、部门、培训项目等多种报表

续表

功能系统		业务系统功能说明
绩效管理	基础设置	基础设置是整个绩效管理系统的应用准备工作,通常由企业的绩效主管人员统一配置绩效管理中用到的基础档案、绩效期间、考核等级、评分规则,建立绩效考核业务中的公共考核指标
		支持多级指标类型和多级指标体系,可构建企业公共/通用指标库
	绩效计划	绩效计划是指员工/部门在某个时期内的业绩规划和工作任务,绩效计划依附于某个绩效期间,由针对该期间制定的若干绩效目标或工作任务组成
		绩效计划管理包括三个方面的业务:一是制定绩效对象的绩效计划,二是对绩效计划进行审核,三是浏览相关人员/部门的绩效计划。绩效计划支持自上而下和自下而上两种制定方式;自下而上是指员工/部门制定本人/本部门的绩效计划,提交上级审核;自上而下是指上级经理直接制定下属员工/部门的绩效计划,然后下达给下级执行
	绩效跟踪	主要用于绩效计划制定后,在绩效期间内执行绩效计划时,对绩效计划的完成情况及其中的绩效目标的进度状况进行跟踪、监控、协调和沟通,同时还可记录绩效期间内发生的关键绩效事件;在期末结束时,可对该期间进行绩效总结汇报
		主要包括绩效进展报告、绩效沟通记录、绩效关键事件、绩效总结
	考核方案	绩效考核业务中,首先需要设计和制定一套具体明确的考核方案;考核方案包括方案的基本定义信息和公共控制信息、考核对象及其考核量表/考核目标值、考核人/审核人及其流程设置、考核指标分配等信息;考核具体实施时,将按照考核方案中上述一整套设置来组织考评
		在一次考核中,可以针对不同业务需要定义不同的考核方案,因此一次考核中允许设置一个或多个考核方案,如业绩考核方案、能力/行为考核方案、销售序列考核方案、分子公司领导班子考核方案、中层干部考核方案、生产部门考核方案、运营管理部门考核方案等
		对考核方案增加了参数"设置考核关系时自动带出考核人类别",若勾选上该项,则在"考核设置"节点设置考核关系时,系统将自动带出在"考核人类别"节点为该方案定义的考核人类别
		定义完具体某个考核方案后,需要设置该方案适用的考核对象(人员/部门)及其审核人/审核流程、考核量表及其指标设置、本方案的考核人类别有哪些,然后针对考核对象进行具体的考核设置,包括:为每个考核对象分配对应的考核量表、设置考核对象的考核指标的考核目标值、考核对象的考核人/考核顺序/分别考核哪些指标/考核权重等详细信息
		考核设置中设置考核关系时,可以根据前面的考核人类别设置,自动显示具体的考核人,且可以再添加/删除考核人
		上述一系列考评设置完成后,需要将整个考核方案冻结起来(确定下来),然后就可以按照考核方案中的考评设置组织开展具体的考核实施工作
		考核方案冻结后,如果该方案需要让每个考核对象了解其内容,则需要将该方案发布出去;方案发布后,相关人员就可以按权限浏览考核方案的具体内容
	考核实施	考核实施过程包括启动考核、绩效数据采集、考核评估打分、考核进展监控、考核结果生成或录入、考核结果审核、考核结果调整、考核结果冻结/发布、考核结果浏览、冻结整个考核等一系列的业务处理
		启动考核后,HR业务人员和各级经理可对权限范围内的考核人和考核对象的考核进展进行查询和监控,必要时可督促其加快考核进度

续表

功能系统		业务系统功能说明
绩效管理	考核实施	支持开始考核后根据考核起止日期进行考评控制,若当前系统日期小于考核开始日期或者大于考核结束日期,则不允许再考评打分,只有当前系统日期在考核起止日期范围内,才允许进行考评打分
		打分开始之后,可以根据情况调整考核对象和考核人,并且调整之后其他人员已经打的分数不受影响(考核对象可以直接删除,考核人删除后只取消该考核人的考核结果)
		支持指标的多种打分方式,支持多级考核流程,可退回前面的考核人重新考评
		支持对外部绩效数据进行采集和应用,可导入规定格式的文本文件内容
		对没有设置量表的考核对象,可直接录入其综合考评结果
		计算生成考核结果时,不强制所有的考核人都必须打分;对于未打分人员,系统将其考核权重按比例分摊到其他同类考核人的考核权重中,再计算考核结果
		考核结果生成/录入后,可对考核结果进行审核和调整,支持多级审核流程
		支持多种等级产生方式,支持考核等级的强制分布
		考核结果生成/录入/审核/调整后,若已确定下来,可选择这些考核对象对其考核结果进行冻结;冻结结果后若有需要,可发布考核结果;考核结果发布后,即可查询浏览权限范围内的员工/部门的考核结果
		支持对多个考核方案的考核结果进行汇总
	考核沟通	主要用于记录和维护上下级之间的绩效面谈内容、考核对象对考核结果的认可情况、考核对象的考核申诉,以及 HR 业务人员对申诉内容的处理和反馈情况
		主要功能包括绩效面谈记录、考核结果认可、考核申诉反馈
	考核结果运用	增加了考核结果的业务应用设置,主要用于设置薪酬、福利等业务应用时,每个会计期间默认对应的绩效考核方案
政策制度		系统提供相关国家劳动人事法律法规、政策制度资料库;资料库具备可扩充性,可动态添加国家、地方出台的相关政策法规,也可管理组织内部各类规章制度
		强大的检索查询功能,可选择浏览多个查询结果窗口,实现多文档同时检索,可打印输出
		及时、灵活的意见反馈功能,员工可以通过自助节点对单位制度表达看法
		实现对本单位发生异常事件的过程及处理结果进行记录和管理
综合报表		灵活自定义各种查询和报表,自主控制报表的数据范围和查询条件
		对报表数据提供图表分析功能
		提供报表输出的自动校验功能
		实现职务、人事、薪酬福利、人力资源成本、员工变动、休假的多种信息的多种条件的报表输出
		可灵活进行树状查询,满足所有员工对组织结构及相关人员信息的查询需求
		可设置多条件组合的条件查询,并灵活分配权限,满足组织中的权限管理和对信息的保密

续表

功能系统		业务系统功能说明
综合报表		可生成多种企业人事信息的统计报表
		提供查询方案保存功能
		网上查询和维护个人基本信息
员工自助		查询本人在各个期间考勤、薪资、福利的缴交和支取信息
		查询单位政策、规章制度、招聘信息、培训信息
		网上填写个人工作总结或述职报告、培训需求调查表
		作为考核人时，填写考核量表，确认对员工本人的考核报告
		网上填写转正、调配、离职、调班、加班、休假、公出等各种申请
经理自助		经过授权可查询部门员工花名册、部门考勤情况、部门任职信息，进行部门员工统计分析、任职情况分析
		进行继任人选维护、调配工作交接，采集部门培训需求、编写部门培训规划、申请培训活动
		经过授权可更改员工考勤信息，在线管理和评估员工绩效
		审批员工或下级部门的转正申请、培训申请、调休申请、加班申请、休假申请、公出申请、离职申请、退休申请等事项
		提交部门级调配申请、离职申请、解聘申请、退休申请、返聘申请、人员需求申请、招聘计划申请、录用申请、调班申请、加班申请、公休申请、休假申请、薪资定调级申请等事务
人员信息管理	部门及岗位设置	
	人员分类	国家地区、学历、岗位、岗位序列、岗位等级、年龄段、职务、职务簇、部门
	国家地区	人员分类、学历、岗位、岗位序列、岗位等级、年龄段、职务、职务簇、部门
	学历	人员分类、国家地区、岗位、岗位序列、岗位等级、年龄段、职务、职务簇、部门
	岗位	人员分类、国家地区、学历、岗位序列、岗位等级、年龄段、职务、职务簇、部门
	岗位序列	人员分类、国家地区、学历、岗位、岗位等级、年龄段、职务、职务簇、部门
	岗位等级	人员分类、国家地区、学历、岗位、岗位序列、年龄段、职务、职务簇、部门
	年龄段	人员分类、国家地区、学历、岗位、岗位序列、岗位等级、职务、职务簇、部门
	职务	人员分类、国家地区、学历、岗位、岗位序列、岗位等级、年龄段、职务簇、部门
	职务簇	人员分类、国家地区、学历、岗位、岗位序列、岗位等级、年龄段、职务、部门
	部门	人员分类、国家地区、学历、岗位、岗位序列、岗位等级、年龄段、职务、职务簇

续表

功能系统		业务系统功能说明
人员信息管理	人员信息采集	通用汇总分析
		公司月度各部门人员在岗与编制对比表
		部门人员月度对比表
		部门季度人员分布表
		部门年度人员分布表
		部门月度人员分布表
		员工基本情况统计表（按部门）
		人力成本平均分析（应发合计）
		各公司人员分类汇总分析
		各公司学历汇总分析
		各公司年龄段汇总分析
		各公司职务汇总分析
		各公司部门汇总分析
		员工岗位查询信息
		员工职务查询信息
		员工名册（简）
		员工名册（详）
		员工通讯录
		在职员工最高学历统计表
		本月生日员工情况统计表
		本月退休员工情况统计表
人员信息维护	人员异动	人员异动汇总对比——按人员分类
		人员异动汇总对比——按部门
		月度异动对比表——按人员分类
		月度异动对比表——按岗位序列
		月度异动对比表——按岗位等级
		月度异动对比表——按部门
		入职员工花名册
		员工公司内异动花名册
		离职员工花名册
	劳动合同	合同到期情况统计表
		员工劳动合同1月内到期查询

续表

功能系统		业务系统功能说明
人员信息维护	劳动合同	员工劳动合同签订情况表
		员工劳动合同过期查询
	考勤	员工出勤统计表——按人员分类
		员工出勤统计表——按部门
		月度工作时间对比分析表——按人员分类
		月度工作时间对比分析表——按部门
	花名册	员工年假休假情况表
		员工月度出勤工时对比汇总
		员工月度出勤工时汇总表
		员工请假统计表
	薪资福利	员工工资发放台账
		员工年度工资台账
		月度员工工资发放台账
		月度工时薪资报表
		部门年度薪资台账
		公司年度薪资对比统计
		公司月度薪资对比统计
		部门年度薪资对比统计
		部门月度薪资对比统计
		部门月度人工成本汇总对比
	福利统计	公积金汇缴汇总表
		社保汇缴汇总表
	综合统计	人工成本构成情况汇总表——按人员分类
		人工成本构成情况汇总表——按公司
		人工成本构成情况汇总表——按部门
		人员薪资结构情况——按年度
	薪资统计	人员薪资结构情况——按期间
		人员薪资结构情况——按薪资类别
		公司薪资级别统计表
		部门薪资级别统计表
		员工薪资级别统计表

续表

功能系统		业务系统功能说明
人员信息维护	领导查询	人力成本平均分析（应发合计）
		各公司人员分类汇总分析
		各公司学历汇总分析
		各公司年龄段汇总分析
		各公司职务汇总分析
		各公司部门汇总分析
		员工岗位查询信息
		员工职务查询信息
		按照岗位序列浏览所属岗位
		按照岗位等级浏览所属岗位
	Iufo 报表	员工分类统计表
		人员简报
		劳动情况季报
		集团月度学历结构对比分析表
		员工岗位配置与薪资统计表
		公有控股经济企业专业技术人才基本情况
		公有控股经济企业特殊专业技术人才情况
		公有控股经济企业经营管理人才、专业技术人才增加、减少情况
		人员结构分析表
		公司员工素质情况统计表
		党员概况
		发展党员情况
		党员出党和受纪律处分情况
		民主评议党员情况
		独立核算的国有工业企业建立党组织和职工、党员情况专题调查表
		学历、资历条件符合正常晋升中级专业技术职务资格基本情况表 1
		学历、资历条件符合正常晋升中级专业技术职务资格基本情况表 2
		专业技术岗位设置与专业技术职务
		各类专业技术人员分布情况
		公司各级领导班子成员情况统计表
		少数民族统计情况表
		职工岗位工资考核晋档审批表 1

续表

功能系统		业务系统功能说明
人员信息维护	Iufo 报表	职工岗位工资考核晋档审批表 2
		企业经营管理人才补充统计表
		企业科技人才补充统计表

四、业务模块结构功能

1. 人力资源规划

（1）应用流程图。人力资源规划流程如图 1-14 所示。

（2）应用特点。在人力资源规划方面有以下应用特点：

①随时查看本行业内主要竞争对手有关人力资源的基础情况；

②根据组织结构变化等因素预测人力资源年度需求状况，根据现有员工状况预测人力资源内部供给情况，为供需平衡提供依据；

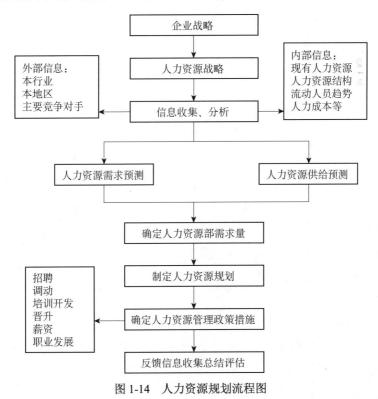

图 1-14　人力资源规划流程图

③通过对企业现有人力资源状况的分析，根据人力资源需求状况，优化现有人力资源配置；

④根据企业历史数据及战略发展生成三年、五年人力资源中长期规划及人员结构等素质规划；

⑤根据人力资源供需情况，制订年度人力资源规划，并在此基础上形成组织整体的、各个部门的季度、月度实施计划；

⑥结合人力资源战略要求和人力资源现有情况，生成更新率、增长率、离职率等规划指标，确定新进、淘汰、调动、培训开发的基本目标；

⑦能对空缺职位进行管理，作为招聘计划的重要参考依据；

⑧输出历史人力资源配置状况及人力资源成本的发展趋势报告；

⑨根据组织规模及薪酬水平战略，进行人工成本预算的宏观管理。

2. 职务职能管理

（1）模块结构图。职能管理结构如图 1-15 所示。

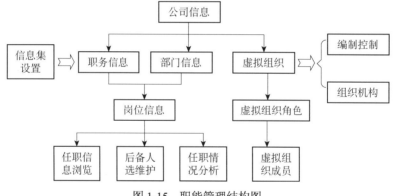

图 1-15　职能管理结构图

（2）功能实现。在职务职能管理方面，可以实现以下功能：

①支持多种组织结构设计模式，灵活设置各级组织机构、机构间上下级关系；

②建立部门职责，灵活定义部门信息输入项；

③支持虚拟组织（长期或临时性项目团队等）设置，灵活制定虚拟组织人员和分配角色；

④支持对各岗位的职位分析，可灵活生成职位说明书，提供岗位合并功能；

⑤管理部门和岗位的基本信息、职责等档案数据（图 1-16），记录集团的组织变更情况；

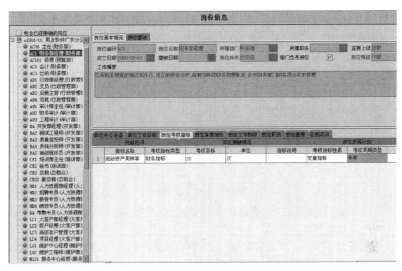

图 1-16　岗位基本信息

⑥可按不同级别的组织实现编制控制，支持建立长期的编制年度控制规划；

⑦可输出不同级别、不同范围的组织结构图；

⑧建立后备人才管理和维护数据库，为组织管理队伍和核心人员队伍的建立提供依据；

⑨实现职位现任人员和曾任人员的信息对比；

⑩进行组织内部各层次及各职位任职情况分析，如图 1-17 所示。

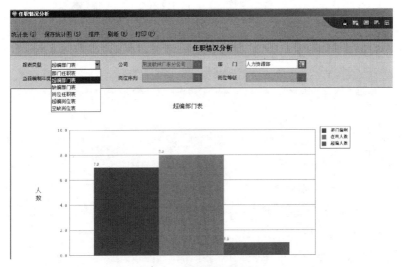

图 1-17　任职情况分析

3．员工信息管理

（1）模块结构图。员工信息管理结构如图 1-18 所示。

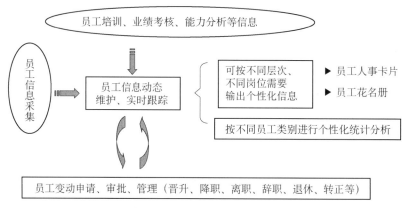

图 1-18　员工信息管理结构图

（2）功能实现。在员工信息管理方面，可以实现以下功能：

①提供对在职员工、解聘员工、离退员工的档案管理和报表输出功能；

②可以根据行政机关的实际需要，从数十项信息字段中选择，自定义员工档案结构，记录所有员工的基本信息或个性化信息；

③实现跟踪记录员工从进入行政机关到离职全过程的历史记录，包括职位变动、奖惩情况、学习经历、工作经历、培训经历等；

④可按时间、部门等进行查询统计，并可输出个人资料单项、综合列表，为人力资源优化配置提供依据；

⑤灵活定义多种员工信息卡片和员工花名册样式，实现输出形式的个性化和多样化；

⑥提供对晋升、降职、辞职、辞退、退休、下岗等人事变动的申请、审批管理；

⑦既可对在职、解聘、离退等各类员工进行年龄、学历结构等简单统计分析，又可对员工基本情况、员工变动、考核、履历等范围进行自定义的统计分析，实现结构和信息的多方位掌控；

⑧可以进行日常工作中的批量修改的功能，提高日常事务的处理效率；

⑨可以实现对于日常的员工晋升、降职、辞职、辞退、退休、下岗、跨公司的调动等事务按企业的审批流模式进行事务流程化处理。

（3）全面的员工信息管理示意图

①层次化的人员信息透视表（图 1-19）。

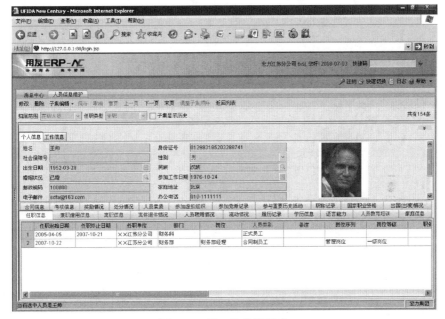

图 1-19　员工信息情况表

②系统按不同方式预制的员工信息统计报表（图 1-20）。

编号	统计名称
0001	年龄分布
0002	学历分布
0003	性别统计
0004	民族统计
001	学历统计
3	职务序列中级岗人数

选择统计类别对话框

打开　删除　取消

图 1-20　员工信息统计方式

③多样化的员工信息统计。自定义员工花名册是方法之一，如图 1-21 所示。

④多样化的员工信息统计。员工信息卡片是方法之二，如图 1-22 所示。

⑤多样化的员工信息统计。常用统计分析是方法之三，如图 1-23 所示。

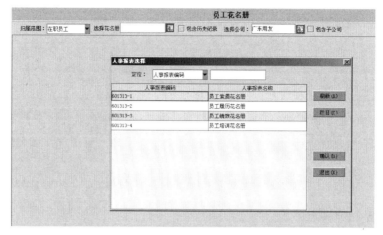

图 1-21　员工花名册

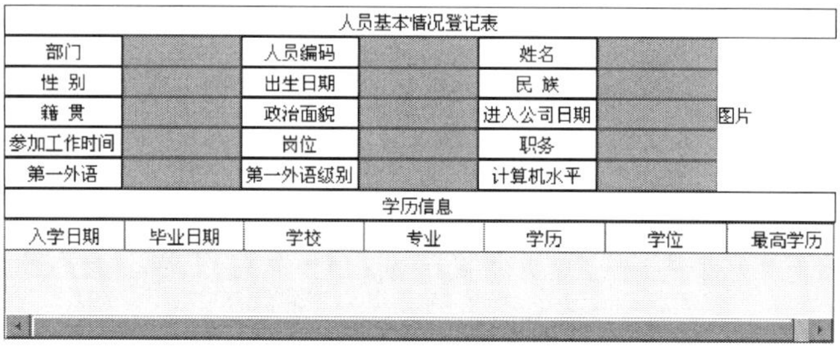

人员基本情况登记表						
部门		人员编码		姓名		
性别		出生日期		民族		
籍贯		政治面貌		进入公司日期		图片
参加工作时间		岗位		职务		
第一外语		第一外语级别		计算机水平		
学历信息						
入学日期	毕业日期	学校	专业	学历	学位	最高学历

图 1-22　员工信息卡片

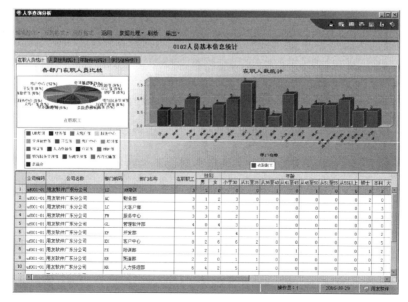

图 1-23　员工基本信息统计

4. 考勤休假管理

（1）考勤模块结构图。考勤休假管理模块如图 1-24 所示。

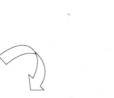

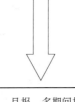

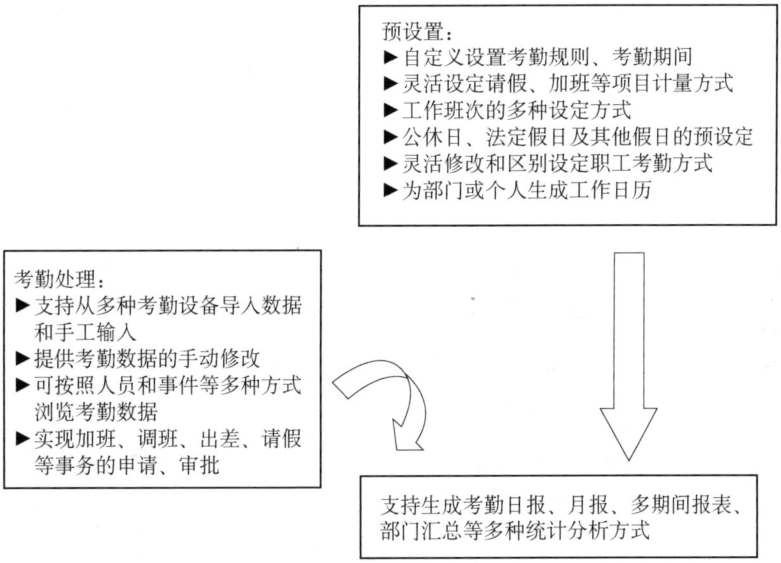

预设置：
▶自定义设置考勤规则、考勤期间
▶灵活设定请假、加班等项目计量方式
▶工作班次的多种设定方式
▶公休日、法定假日及其他假日的预设定
▶灵活修改和区别设定职工考勤方式
▶为部门或个人生成工作日历
考勤处理：
▶支持从多种考勤设备导入数据和手工输入
▶提供考勤数据的手动修改
▶可按照人员和事件等多种方式浏览考勤数据
▶实现加班、调班、出差、请假等事务的申请、审批
支持生成考勤日报、月报、多期间报表、部门汇总等多种统计分析方式

图 1-24　考勤休假管理模块图

（2）休假管理结构图。休假管理结构如图 1-25 所示。

设定休假类别、规则
休假计划
申请休假
到期预警
统计报表
休假审批
记录、休假
考勤系统
休假结算
销假
薪酬系统

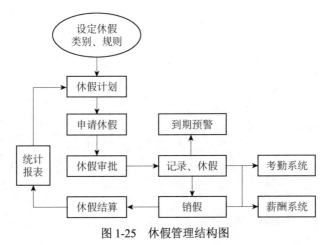

图 1-25　休假管理结构图

（3）功能实现。在考勤休假管理方面可以实现以下功能。

①支持外部考勤数据导入，支持各种机器考勤和手工考勤两种方式；

②灵活定义考勤开始和结束时间、考勤记录规则、休假规则、考勤日历，体

现公司特点；

③多种班次定义方式，提供夜班和跨天设置，可按部门或岗位生成工作日历；

④灵活设置倒班和节假日加班类型，自定义各种请假种类和假期计量单位，并与薪资管理系统对接；

⑤实现对调班、公出、请假、加班的申请、审批处理；

⑥提供多种考勤日报、月报、年报及员工休假报表，可以按员工或部门统计出勤、迟到、早退、请假、休假、加班等数据；

⑦指定操作员对考勤数据进行录入后的修改与维护；

⑧对历史考勤数据提供封存功能；

⑨对考勤异常情况提供考勤警报；

⑩假期类别可以自定义，如年假、事假、病假、探亲假、工休假等；

⑪用户可以灵活设定企业规定的休假制度（假期规则）；

⑫员工享有的假期天数可以根据多个因素由系统自动计算，且系统提供自定义公式的计算平台；

⑬针对不同的员工可以设定不同的休假计划，并对所有休假情况进行记录；

⑭提供休假到期预警功能，同时提供销假的处理；

⑮对员工休假情况进行统计，员工各类假期的已休时数及余数可以随时进行查询。

灵活的工作日历设置和排班管理如图 1-26 所示。

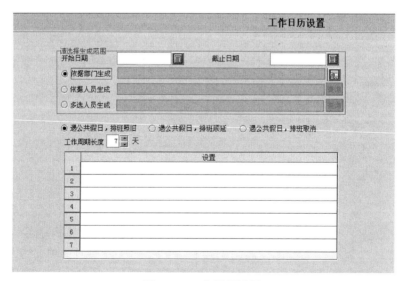

图 1-26　工作日历设置

考勤月报表或日报表（统计出勤、迟到、早退、请假、休假、加班等数据），如图 1-27 所示。

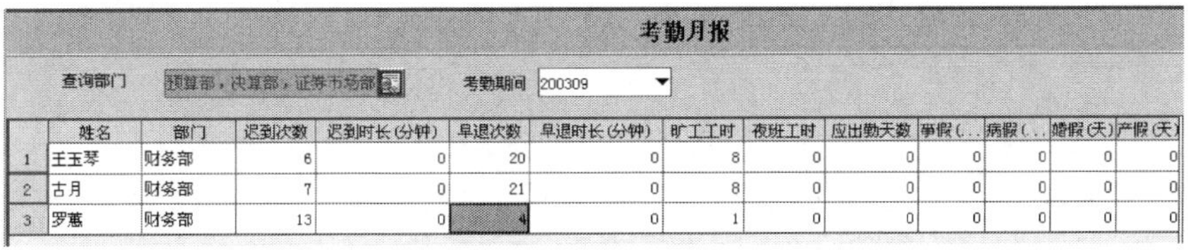

	姓名	部门	迟到次数	迟到时长(分钟)	早退次数	早退时长(分钟)	旷工工时	夜班工时	应出勤天数	事假(...	病假(...	婚假(天)	产假(天)
1	王玉琴	财务部	6	0	20	0	8	0	1	0	0	0	0
2	古月	财务部	7	0	21	0	8	0	1	0	0	0	0
3	罗惠	财务部	13	0	4	0	0	0	1	0	0	0	0

考勤月报　查询部门：预算部，决算部，证券市场部　考勤期间：200309

图 1-27　考勤月报表

5. 薪酬管理

（1）模块结构图。薪酬管理结构如图 1-28 所示。

（2）功能实现。在薪酬管理方面可以实现以下功能。

①支持对能力工资、岗位工资、绩效工资、结构工资等多种模式的管理；

②提供了薪资标准设置，员工工资定级，工资调整申请、审批，工资核算发放，自动计算社会保险、个人所得税等代扣代缴项目，经费计提的内容和计提的比率可以进行设置；

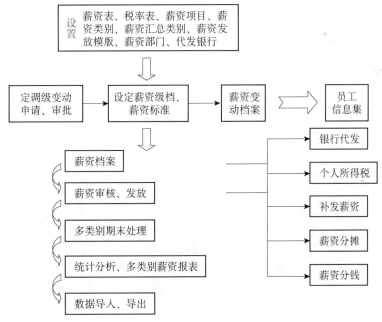

图 1-28　薪酬管理结构图

③支持工资的多次或分次发放；支持代扣税或代缴税；支持计时工资和计件工资的计算；

④工资发放支持银行代发，提供代发数据的输出功能，同时也支持现金发放，提供分钱清单功能；

⑤可以从考勤休假管理模块直接提成考勤相关数据，设置并计算由于年假、事假、病假、婚假、丧假等带薪假期，以及迟到、早退、旷工等形成的对薪资的扣减；

⑥存储完整的历史信息供查询和生成报表；

⑦通过动态会计平台，与财务系统的总账连接，直接生成总账凭证，生成项目数据录入到项目成本系统；

⑧支持集团内不同单位间、同一单位内不同人员间应用不同的薪资标准，不同的税率标准，发放不同货币；

⑨可以将员工的工资条直接通过邮件等多种方式进行发放；

⑩可以由系统自动生成银行代发文件、个人所得税申报文件等文件数据，可以支持合并计税，并支持计算所得税还原。

自定义的人力成本明细表（按人员）如图 1-29 所示。自定义的人力成本分析表（按人员类别）如图 1-30 所示。

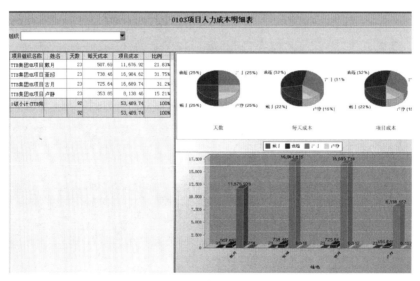

图 1-29　人力成本明细表

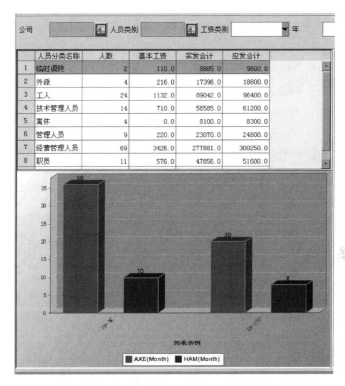

图 1-30　人力成本分析表

6. 劳动合同管理

（1）模块结构图。劳动合同管理结构如图 1-31 所示。

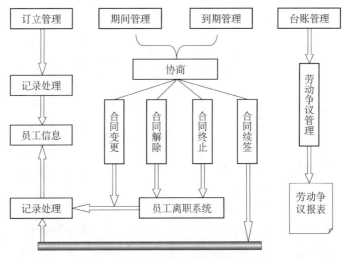

图 1-31　劳动合同管理结构图

（2）功能实现。在劳动合同管理方面可以实现以下功能。

①实现对劳动合同、岗位协议、保密协议、培训协议进行全面规范化的系统管理；

②劳动合同、岗位协议、保密协议、培训协议模板的导入、导出管理；

③通过合同订立管理，规范过程管理，同时有关信息直接进入员工信息库，减少数据输入量；

④实现劳动合同试用期、合同到期及其异常情况的自动提示，以便及时处理；

⑤实现劳动合同变更、续签信息的记录和查询管理，可以实现对历史合同的封存管理；

⑥实现劳动合同解除、终止信息的处理；

⑦实现劳动合同台账管理的电子化；

⑧实现劳动争议事件的记录和统计管理；

⑨支持合同信息的批量处理，如合同变更，合同打印进行批量处理。

7. 福利管理

（1）模块结构图。福利管理结构如图 1-32 所示。

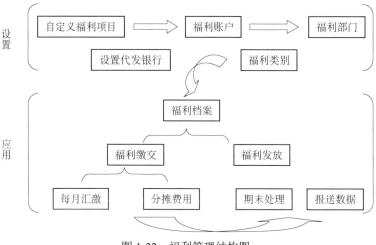

图 1-32　福利管理结构图

（2）功能实现。在福利管理方面可以实现以下功能。

①通过定义不同的福利类别，支持对各种福利进行管理和提取；

②自定义福利类型，设置福利提取条件、福利日常管理及提供相应的统计分析；

③支持福利定期提取、福利的缴交（图 1-33）、转入转出等；

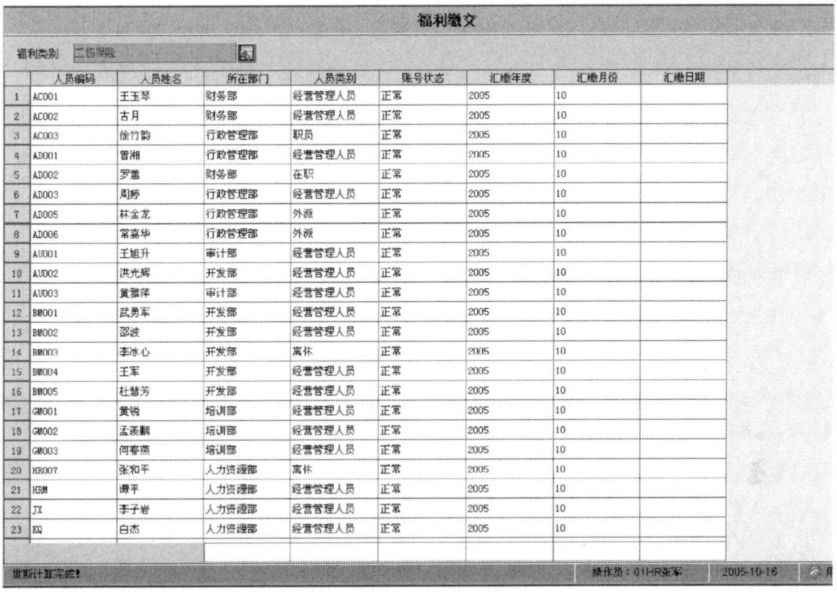

	人员编码	人员姓名	所在部门	人员类别	账号状态	汇缴年度	汇缴月份	汇缴日期
1	AC001	王玉琴	财务部	经营管理人员	正常	2005	10	
2	AC002	古月	财务部	经营管理人员	正常	2005	10	
3	AC003	徐竹韵	行政管理部	职员	正常	2005	10	
4	AD001	曾湘	行政管理部	经营管理人员	正常	2005	10	
5	AD002	罗蕙	财务部	在职	正常	2005	10	
6	AD003	周婷	行政管理部	经营管理人员	正常	2005	10	
7	AD005	林金龙	行政管理部	外派	正常	2005	10	
8	AD006	常嘉华	行政管理部	外派	正常	2005	10	
9	AU001	王旭升	审计部	经营管理人员	正常	2005	10	
10	AU002	洪光辉	开发部	经营管理人员	正常	2005	10	
11	AU003	黄雅萍	审计部	经营管理人员	正常	2005	10	
12	BM001	武勇军	开发部	经营管理人员	正常	2005	10	
13	BM002	邵波	开发部	经营管理人员	正常	2005	10	
14	BM003	李冰心	开发部	离休	正常	2005	10	
15	BM004	王军	开发部	经营管理人员	正常	2005	10	
16	BM005	杜慧芳	开发部	经营管理人员	正常	2005	10	
17	GM001	黄锐	培训部	经营管理人员	正常	2005	10	
18	GM002	孟羡鹏	培训部	经营管理人员	正常	2005	10	
19	GM003	何春燕	培训部	经营管理人员	正常	2005	10	
20	HR007	张和平	人力资源部	离休	正常	2005	10	
21	HRM	谭平	人力资源部	经营管理人员	正常	2005	10	
22	JX	李子岩	人力资源部	经营管理人员	正常	2005	10	
23	KQ	白杰	人力资源部	经营管理人员	正常	2005	10	

图 1-33　福利缴交

④提供向相关管理机关报送相关报表的功能；

⑤系统提供通过动态会计平台，与财务系统的总账连接，直接生成总账凭证，生成项目数据录入到项目成本系统；

⑥利用不同的福利类别，可以支持集团内不同单位间、同一单位内不同人员间适用不同的福利政策；

⑦可从薪资系统中提取数据，也可将福利的计算结果写入薪酬管理系统。

8. 培训开发管理

（1）模块结构图。培训开发管理结构如图 1-34 所示。

（2）功能实现。在培训开发管理方面可以实现以下功能。

①对培训机构、培训教师、培训场地、培训资料等资源的系统管理和评估，时时更新评估信息；

②定义单位级培训活动理论体系，确保培训活动的系统性；

③可按照季度、年度采集培训需求，并进行培训需求的对比分析；

④支持研讨会、课堂讲授等多种类型的外训，以及单位内训；

⑤编制单位和部门培训计划，涵盖培训目标、费用预算、培训方式、参加人员、时间等多项内容；

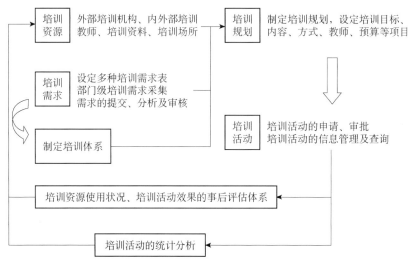

图 1-34　培训开发管理结构图

⑥实现对培训项目、培训活动的申请和审批、评估培训结果等进行全过程监控，如图 1-35 所示；

⑦全面记录员工培训参加情况、培训成绩、培训时间等相关员工培训档案；

⑧提供对培训情况的多条件查询和统计分析，支持生成员工、部门、培训项目等多种报表；

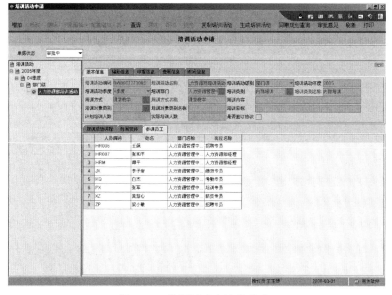

图 1-35　培训活动申请信息表

⑨可长期保留培训活动档案（图 1-36），并将员工培训记录自动写入员工档案信息库；

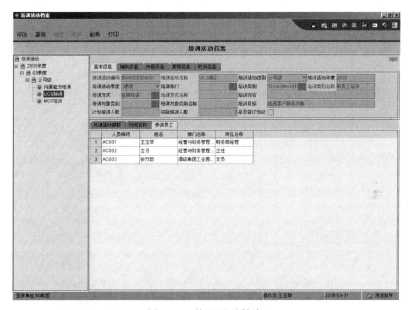

图 1-36　培训活动档案

⑩可以批量导入或导出员工培训档案。

9. 绩效管理

（1）模块结构图。绩效管理结构如图 1-37 所示。

（2）功能实现。在绩效管理方面可以实现以下功能。

①灵活定义单位级绩效评估的 KPI 指标集；

②绩效评估标准可实现多级细化，使考核人准确定位工作绩效；

③提供定量指标的公式设计器，并可导入相关外部数据；可多级定义定性指标，实现考核的细化；

④预置月、季、年三种考核周期，支持设置多种绩效评估方案，能够对不同岗位采取不同的评估方案；

⑤实现以"360 度考核"为基础的考核模式，考评人员涵盖上下级、同事、内外部客户等，可针对岗位灵活选取考评人员；

⑥系统提供员工对比分析、指标对比分析、部门对比分析、个人历史对比分析等多种统计方式；

⑦系统提供绩效评估模块与薪酬管理模块的接口；

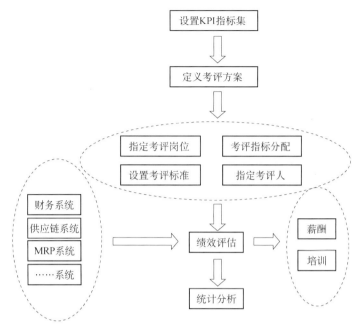

图 1-37 绩效管理结构图

⑧成本预算的宏观管理；

⑨27 种预制的应用模式如图 1-38 所示，应用中可以灵活调整。

结果运用模式

	业绩	能力	态度	策略选择
1	好	好	好	晋升、加薪
2	好	好	中	晋升、加薪并注重工作态度培养
3	好	好	差	培养正确工作态度，端正后可适当予以加薪
4	好	中	好	加薪、通过培训提高工作能力
5	好	中	中	可给予绩效奖励，并通过培训提高能力和转变工作态度
6	好	中	差	参加能力态度培训，保持原岗级
7	好	差	好	加强能力培养，适当加薪
8	好	差	中	加强能力培养，适当加薪
9	好	差	差	加强能力态度培养，适当加薪
10	中	好	好	重点培养，提高业绩
11	中	好	中	加强培养，提高业绩
12	中	好	差	改变工作态度，提升业绩
13	中	中	好	加强能力培养，提升业绩
14	中	中	中	加强培训
15	中	中	差	加强培训，转变工作态度
16	中	差	好	提高能力与业绩
17	中	差	中	加强能力培养
18	中	差	差	加强能力与态度的培养
19	差	好	好	注重业绩的提高
20	差	好	中	转变态度，提高业绩
21	差	好	差	转变态度，提高业绩，考虑岗级下调
22	差	中	好	培养能力，提高业绩，考虑岗级下调
23	差	中	中	注意提升业绩，可考虑岗级下调
24	差	中	差	加强培训，可列入淘汰对象
25	差	差	好	加强培训，可列入淘汰对象
26	差	差	中	淘汰

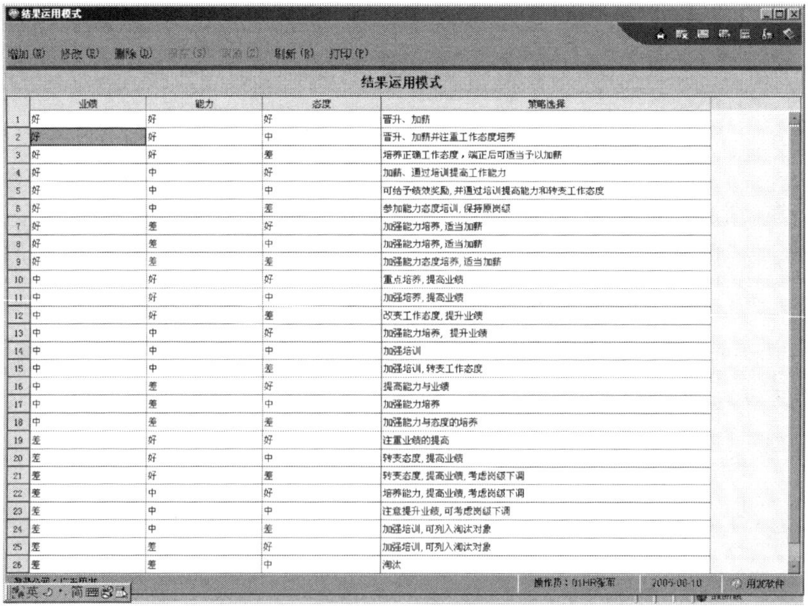

图 1-38 绩效结果运用模式

根据平衡计分卡原理进行指标类设置，如图 1-39 所示。

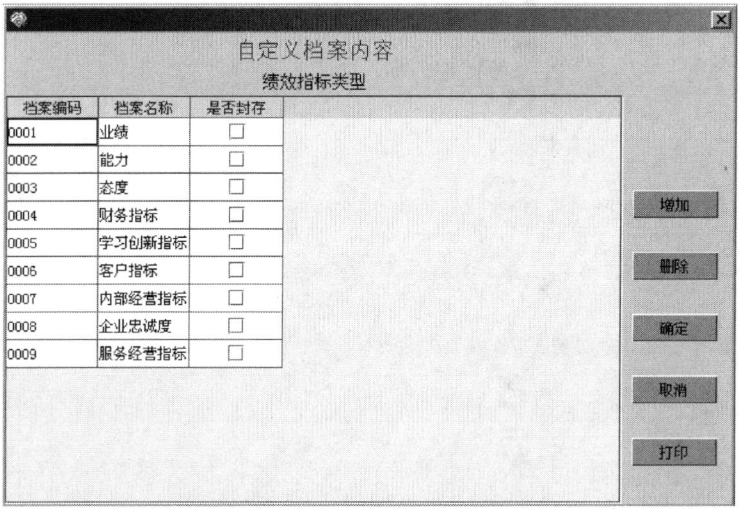

图 1-39　绩效指标类型

应用中可根据要求进行考核类型的设置，如图 1-40 所示。

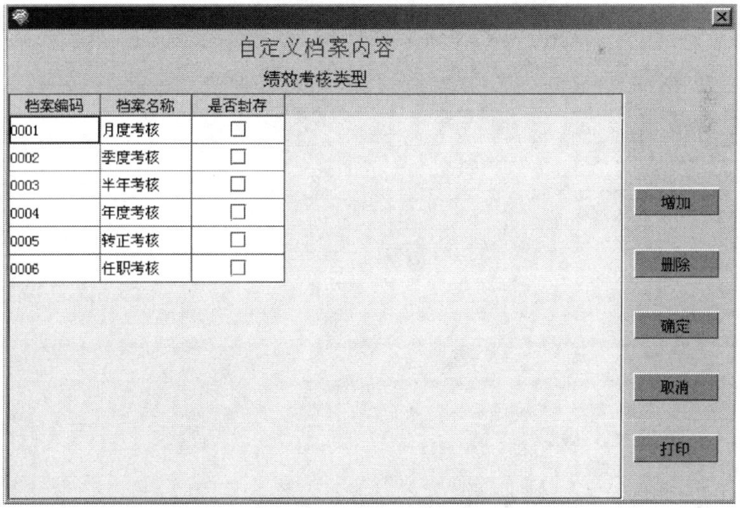

图 1-40　绩效考核类型

应用中可以根据要求定义不同的考核人，如图 1-41 所示。

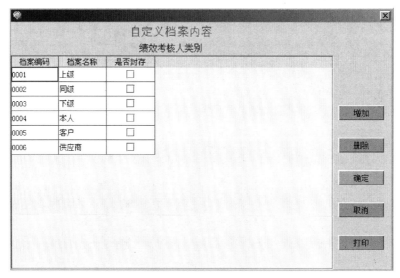

图 1-41　绩效考核人类别

应用中可以根据具体情况设置考核等级，如图 1-42 所示。

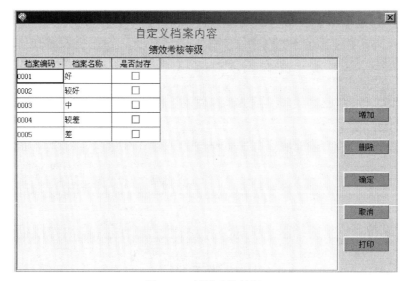

图 1-42　绩效考核等级

考核方案用户自定义如图 1-43 所示。

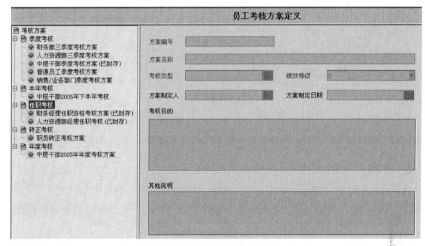

图 1-43　员工考核方案定义

方案设计中的考核岗位的设定如图 1-44 所示。

图 1-44　考核岗位的选择

设置方案的考核人及考核权重如图 1-45 所示。

岗位考核量表的设置，对不同岗位及考核人类别设置不同或相同的考核量表，不同的考核量表预制不同的或相同的指标，也可以根据岗位信息指标库直接生成考核指标，如图 1-46 所示。

对各考核量表的各指标类型权重及指标权重定义，如图 1-47 所示。

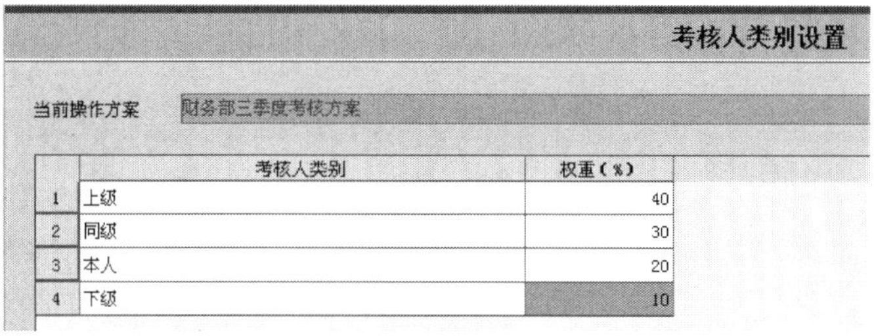

图 1-45　考核人类别设置

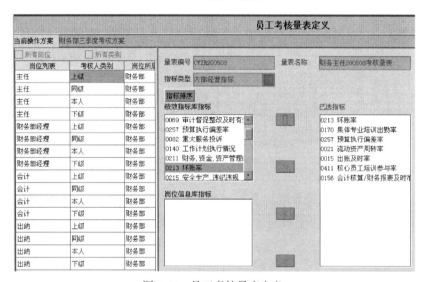

图 1-46　员工考核量表定义

图 1-47　员工指标权重定义

　　符合一般正态分布（分布比率）的绩效等级定义，同时还可以定义等级与薪资的发放关系，如图 1-48 所示。

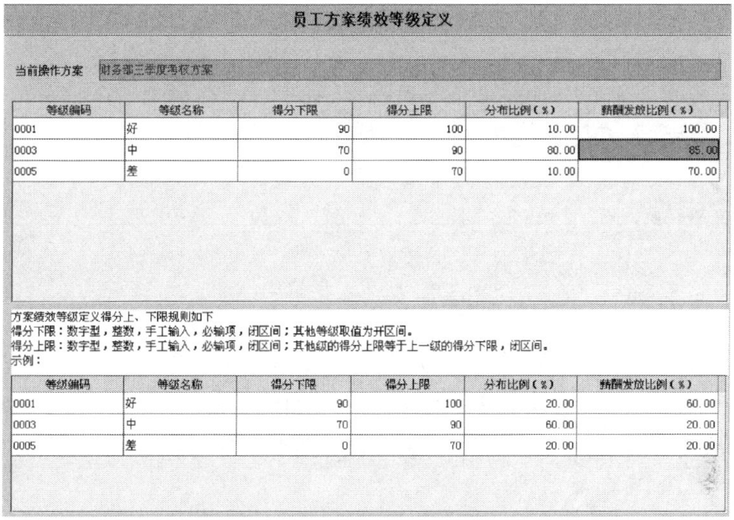

图 1-48　员工方案绩效等级定义

定义一个统一的考核标准，用标准的语言来描述考核及评分参考，如图 1-49 所示。对每项指标均可作说明，以有效管理评分的科学性和规范化。

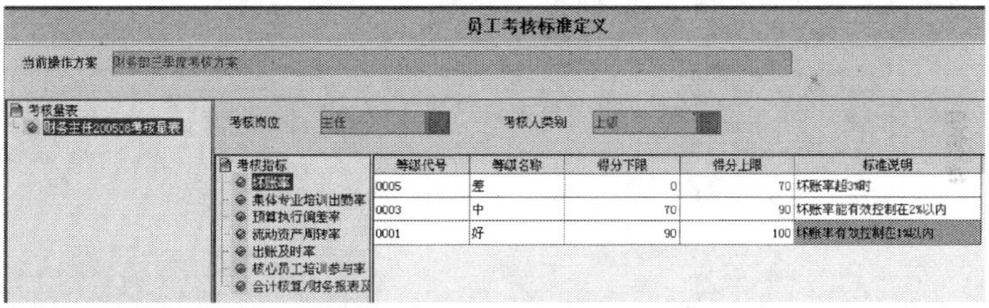

图 1-49　员工考核标准定义

对于定量指标的数据源，可以是手工录入，也可以来源于其他业务系统（如财务系统、销售管理系统、考勤系统、客户管理系统等），或都是按指定的公式直接生成，如图 1-50 所示。

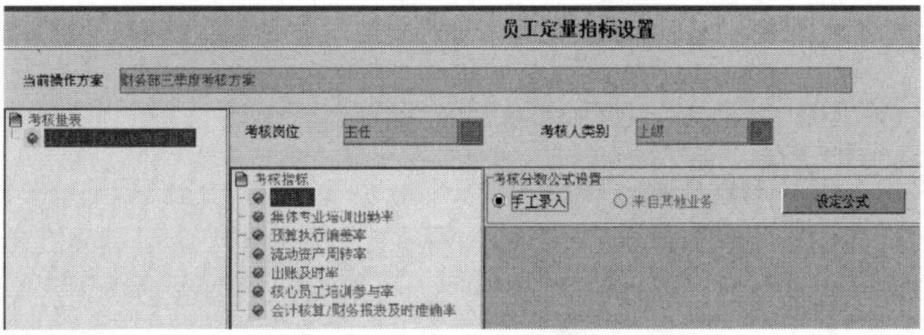

图 1-50　员工定量指标设置

按照已经设计的方案为模型，在每个周期实施考核时直接设置具体的实施方案即可，同时对方案的实施组织者进行定义，如图 1-51 所示。

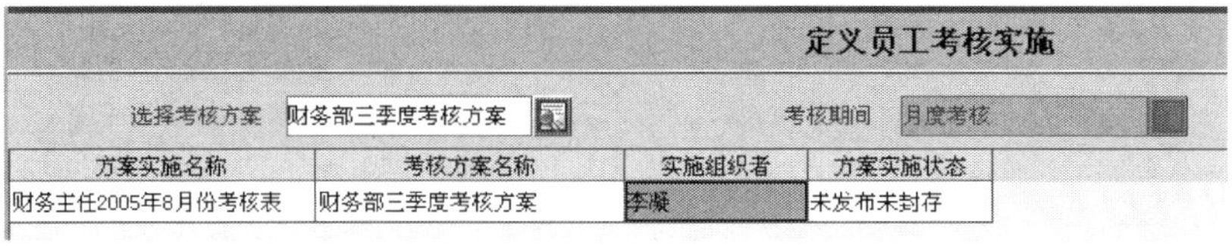

图 1-51　定义员工考核实施

在方案确认的情况下，对不同的考核对象选择不同的考核打分人，可以只作直线考核，也可按 360 度考核的办法来设置，如图 1-52 所示。对于考核对象罗蕙，参与对罗蕙考核打分的人有上级李凝、同级谭平、下级林雅欣和本人，然后进行发布。

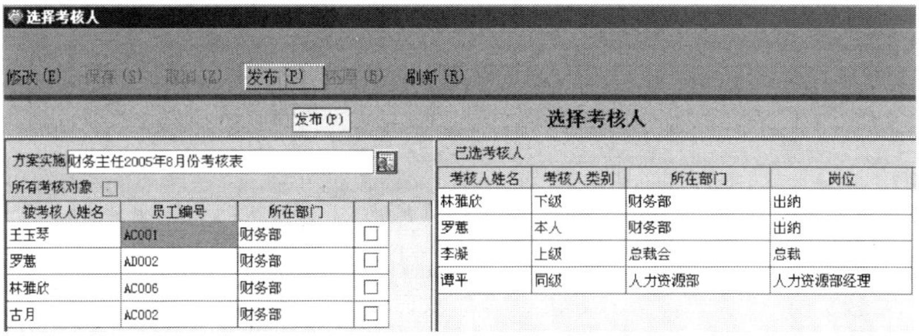

图 1-52　选择考核人

对所有的定量指标设置计划目标值，如图 1-53 所示。

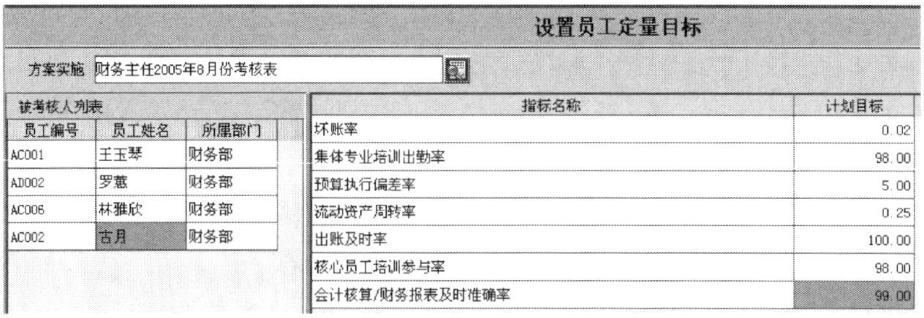

图 1-53　设置员工定量目标

在选择了定量数据手工录入的情况下，对于定量指标实际实现值则需要手工录入，如图 1-54 所示。

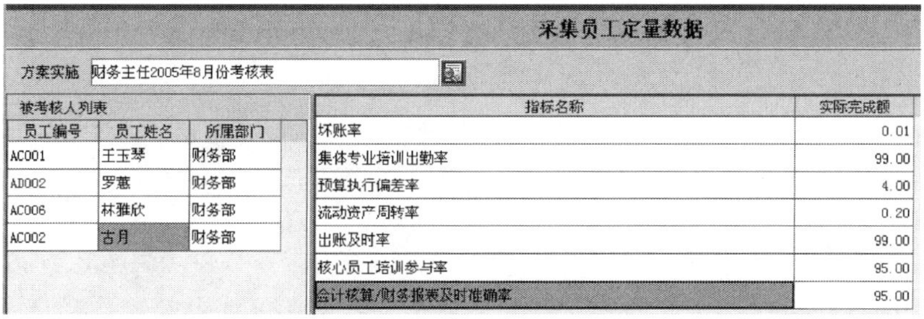

图 1-54　采集员工定量数据

对于考核量表中的定性指标，则通过考核实施量表进行打分，每一个参与打分的考核人录入打分界面都只能看到自己打分的量表，其他的量表不会出现，打完分后可以直接计算得分。一般在应用中，如果全体员工都要参与到考核中，那么通常打分时都是通过自助系统来实现的，如图 1-55 所示。

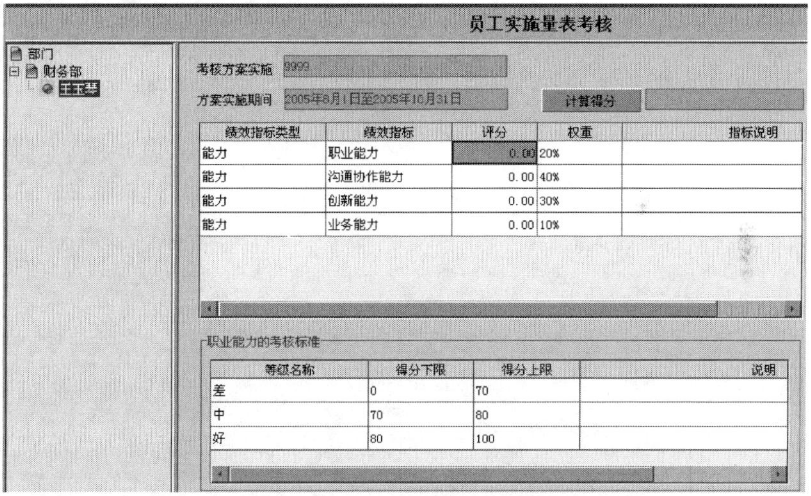

图 1-55　员工实施量表考核评分

除了进行数据评分外，还可以进行文字评价，如图 1-56 所示。文字评价包括综合评价、优势、劣势、机会、挑战等评价，绩效改进要点及建议培训课程的说明。

同时可以对考核对象的员工的关键事件进行记录（图 1-57），为打分人提供打分参考。例如，可以将被考核对象的述职报告上传到系统进行相关述职报告的文档链接，如图 1-58 所示；可以对考核过程进行面谈记录管理，如图 1-59 所示。

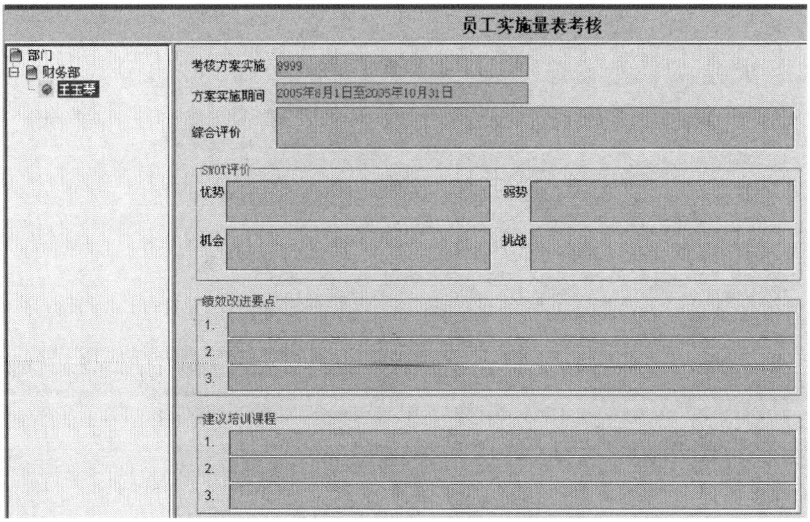

图 1-56　员工实施量表考核评价

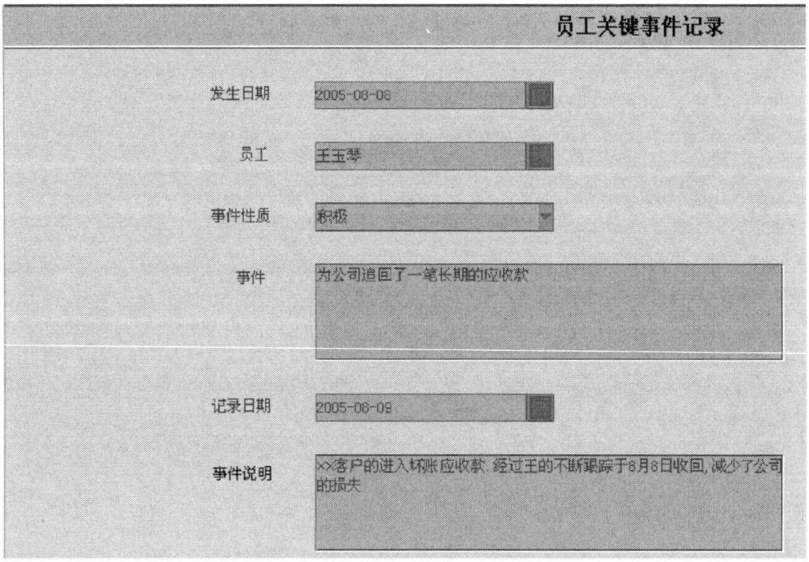

图 1-57　员工关键事件记录

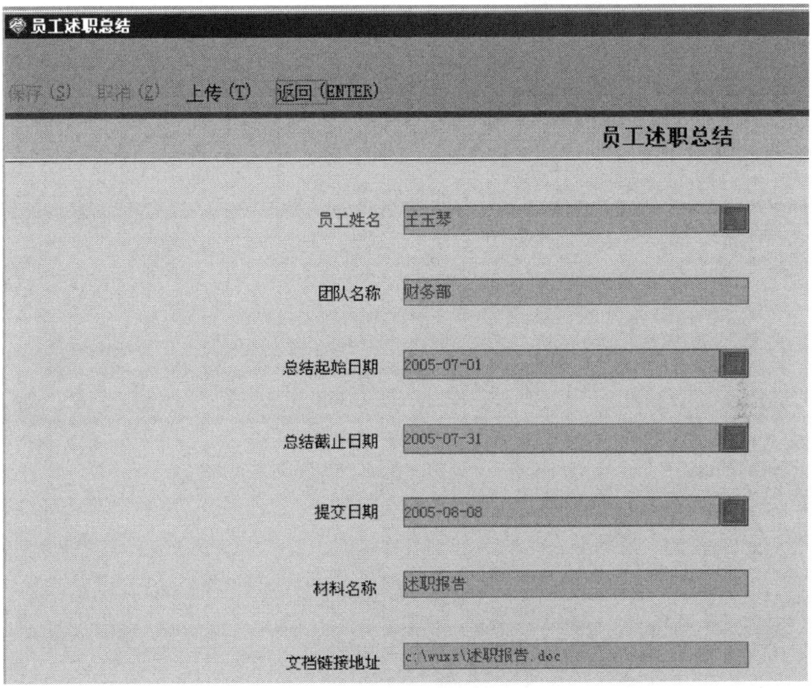

图 1-58　员工述职报告

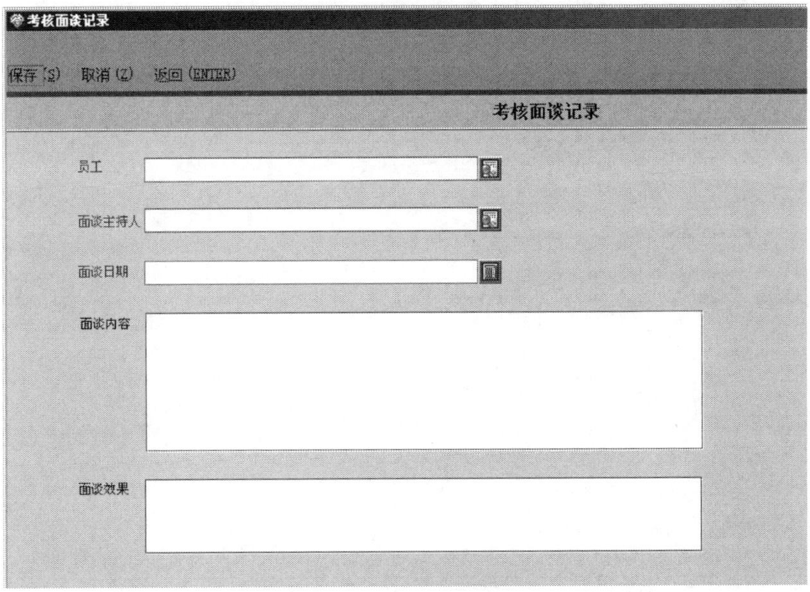

图 1-59　考核面谈记录

还可以对考核结果进行申诉与反馈的记录管理，如图 1-60 所示，对考核进行员工确认管理，如图 1-61 所示。

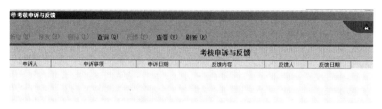

图 1-60　考核申诉与反馈

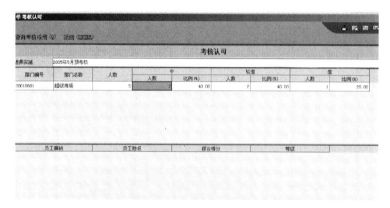

图 1-61　考核认可

浏览考核结果及结果的应用（考核评价基本数据）如图 1-62 所示。

员工编码	员工姓名	考核人类别	考核人姓名	指标类型	指标名称	权重	评价得分
012064	陈三万	公司领导	蔡生	能力	业务能力	20%	70.00
012064	陈三万	公司领导	蔡生	态度	工作态度	40%	80.00
012064	陈三万	公司领导		业绩	服务投诉宗数	40%	85.00
012064	陈三万	上级	222	能力	业务能力	20%	60.00
012064	陈三万	上级	222	态度	工作态度	40%	80.00
012064	陈三万	上级		业绩	服务投诉宗数	40%	85.00
012064	陈三万	同级	陈九	能力	业务能力	20%	40.00
012064	陈三万	同级	陈九	态度	工作态度	40%	90.00
012064	陈三万	同级		业绩	服务投诉宗数	40%	85.00
012064	陈三万	下级	何二四	能力	业务能力	20%	70.00
012064	陈三万	下级	何二四	态度	工作态度	40%	80.00
012064	陈三万	下级		业绩	服务投诉宗数	40%	85.00
012107	何二四	公司领导	蔡生	能力	业务能力	20%	85.00
012107	何二四	公司领导	蔡生	态度	工作态度	40%	78.00
012107	何二四	公司领导		业绩	服务投诉宗数	40%	70.00
012107	何二四	上级	222	能力	业务能力	20%	80.00
012107	何二四	上级	222	态度	工作态度	40%	85.00
012107	何二四	上级		业绩	服务投诉宗数	40%	70.00
012107	何二四	同级	陈九	能力	业务能力	20%	-20.00
012107	何二四	同级	陈九	态度	工作态度	40%	60.00

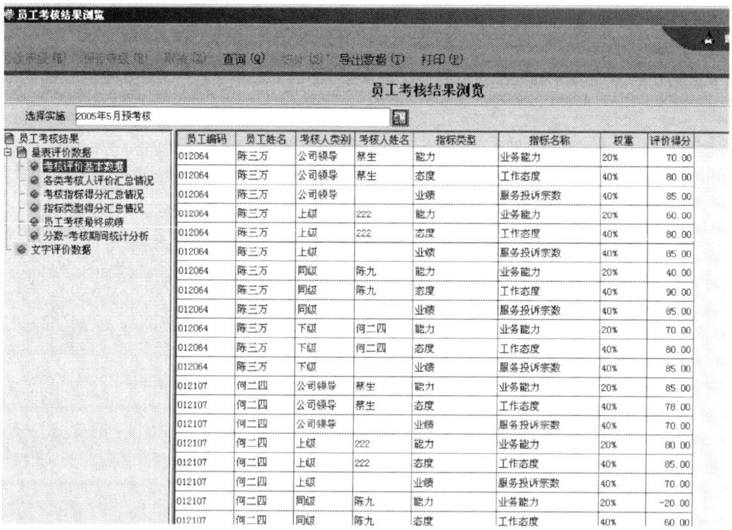

图 1-62　员工考核结果浏览——考核评价基本数据

考核结果浏览（考核指标得分汇总情况）如图 1-63 所示。

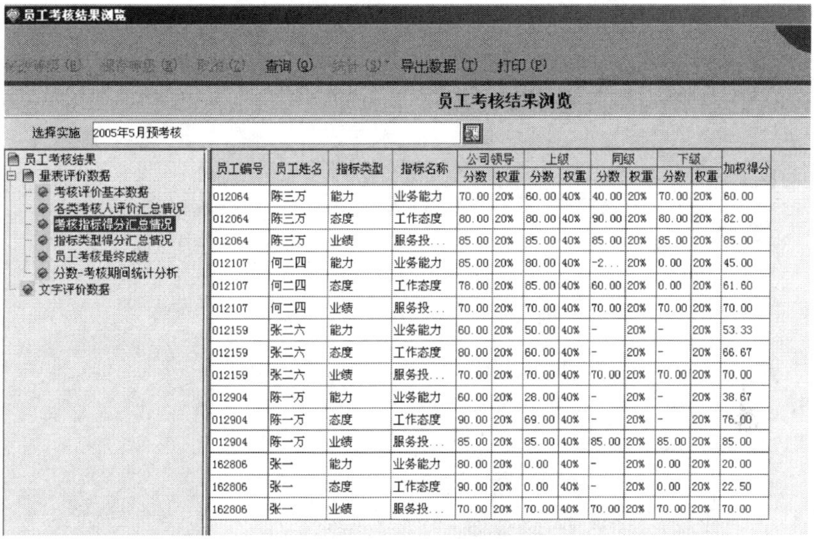

员工编号	员工姓名	指标类型	指标名称	公司领导		上级		同级		下级		加权得分
				分数	权重	分数	权重	分数	权重	分数	权重	
012064	陈三万	能力	业务能力	70.00	20%	60.00	40%	40.00	20%	70.00	20%	60.00
012064	陈三万	态度	工作态度	80.00	20%	80.00	40%	90.00	20%	80.00	20%	82.00
012064	陈三万	业绩	服务投...	85.00	20%	85.00	40%	85.00	20%	85.00	20%	85.00
012107	何二四	能力	业务能力	85.00	20%	80.00	40%	-2...	20%	0.00	20%	45.00
012107	何二四	态度	工作态度	78.00	20%	85.00	40%	60.00	20%	0.00	20%	61.60
012107	何二四	业绩	服务投...	70.00	20%	70.00	40%	70.00	20%	70.00	20%	70.00
012159	张二六	能力	业务能力	60.00	20%	50.00	40%	-	20%	-	20%	53.33
012159	张二六	态度	工作态度	80.00	20%	60.00	40%	-	20%	-	20%	66.67
012159	张二六	业绩	服务投...	70.00	20%	70.00	40%	70.00	20%	70.00	20%	70.00
012904	陈一万	能力	业务能力	60.00	20%	28.00	40%	-	20%	-	20%	38.67
012904	陈一万	态度	工作态度	90.00	20%	69.00	40%	-	20%	-	20%	76.00
012904	陈一万	业绩	服务投...	85.00	20%	85.00	40%	85.00	20%	85.00	20%	85.00
162806	张一	能力	业务能力	80.00	20%	0.00	40%	-	20%	0.00	20%	20.00
162806	张一	态度	工作态度	90.00	20%	0.00	40%	-	20%	0.00	20%	22.50
162806	张一	业绩	服务投...	70.00	20%	70.00	40%	70.00	20%	70.00	20%	70.00

图 1-63　员工考核结果浏览——考核指标得分汇总情况

考核结果浏览（员工考核最终成绩）如图 1-64 所示。

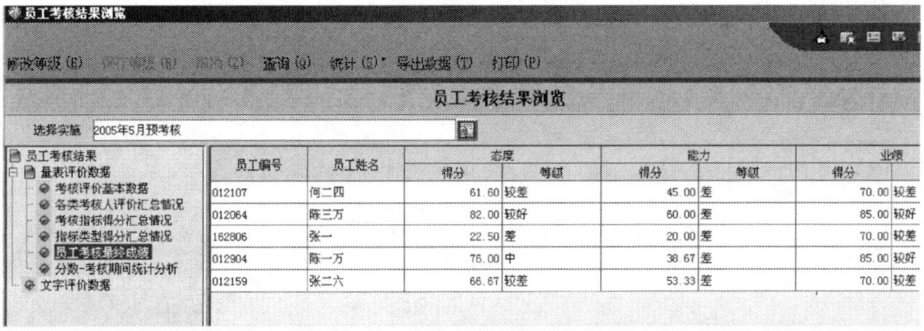

员工编号	员工姓名	态度		能力		业绩	
		得分	等级	得分	等级	得分	
012107	何二四	61.60	较差	45.00	差	70.00	较差
012064	陈三万	82.00	较好	60.00	差	85.00	较好
162806	张一	22.50	差	20.00	差	70.00	较差
012904	陈一万	76.00	中	38.67	差	85.00	较好
012159	张二六	66.67	较差	53.33	差	70.00	较差

图 1-64　员工考核结果浏览——考核最终成绩

员工考核结果统计如图 1-65 所示，并可以根据结果进行二次强制分布，使结果符合正态的分布现象。

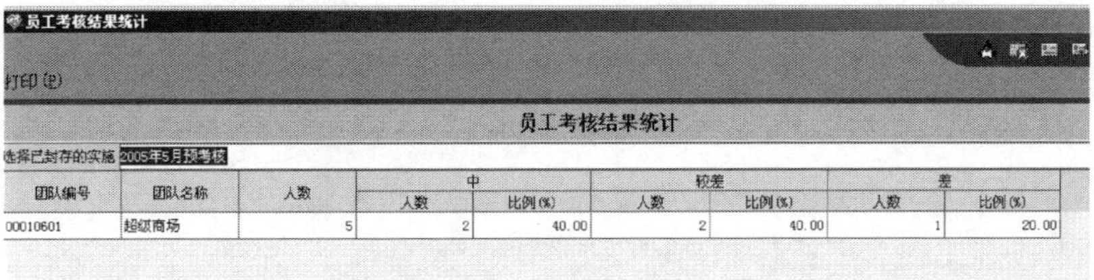

团队编号	团队名称	人数	中		较差		差	
			人数	比例(%)	人数	比例(%)	人数	比例(%)
00010601	超级商场	5	2	40.00	2	40.00	1	20.00

图 1-65　员工考核结果统计

考核结果的应用（为末位淘汰提供人员参考，或为岗位调整提供依据，为薪酬发放提供参考，为培训提供需求等），如图 1-66 所示。

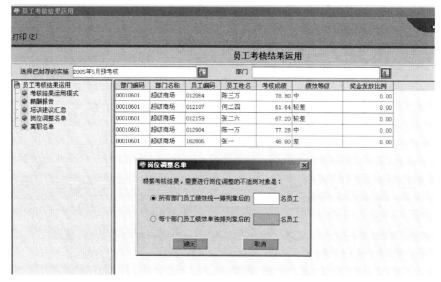

图 1-66　员工考核结果运用

10. 招聘甄选管理

（1）模块结构图。招聘甄选管理结构如图 1-67 所示。

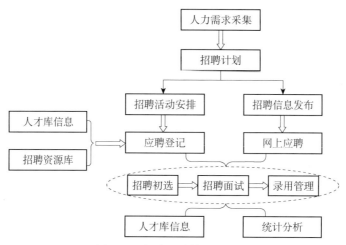

图 1-67　招聘甄选管理结构图

（2）功能实现。在招聘甄选管理方面可以实现以下功能。

①可全面管理内外部多种招聘渠道和相关资源；

②针对不同岗位灵活指定面试测试人员和预置招聘测试模版，如图 1-68 所示；

图 1-68　面试设置

③采集招聘需求和制定招聘计划按预定的流程管理；

④根据单位特性或岗位特性，灵活设置应聘人员登记表，如图 1-69 所示；

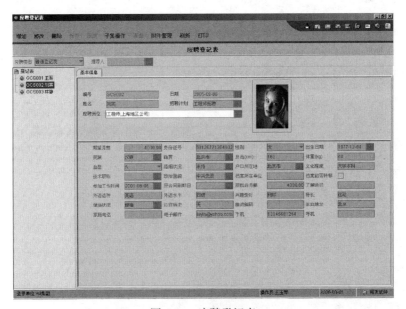

图 1-69　应聘登记表

⑤利用招聘初选功能，设定相关筛选条件，迅速圈定行政机关所需人员范围；

⑥人才库按初选通过、面试中、未录用、拟录用等多种层次进行管理，并提供按照应聘岗位或对应应聘计划进行查找的功能；

⑦应聘人员可选择性进入人才库，人才库信息包含应聘人员基本信息和面试测评信息，如图 1-70 所示；

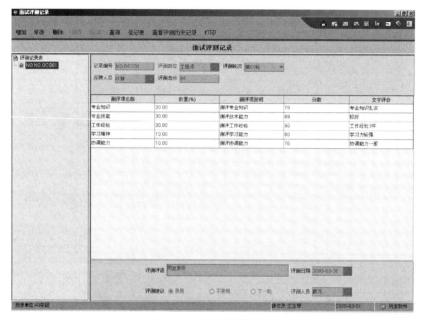

图 1-70　面试测评记录

⑧系统支持对应聘人员的多轮甄选活动，并记录相应信息；

⑨提供电子邮件或打印通知单功能，将面试、拒绝、录用通知应聘人员；

⑩系统可生成应聘比例、录用比例、计划完成比例等数据，准确分析招聘活动的目标完成情况，以及进行招聘活动实际费用和预算费用的对比分析。

11. 员工自助服务

（1）模块结构图。员工自助服务功能结构如图 1-71 所示。

（2）功能实现。在员工自助服务方面可以实现以下功能。

①网上查询和维护个人基本信息，如图 1-72 所示；

②查询本人在各个期间考勤、薪资、福利的缴交和支取信息；

③查询单位政策、规章制度、招聘信息、培训信息；

④网上填写个人工作总结或述职报告、培训需求调查表；

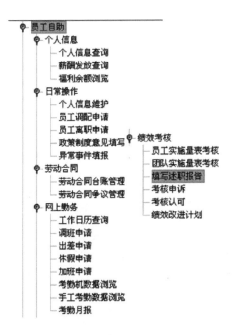

图 1-71　员工自助服务功能结构图

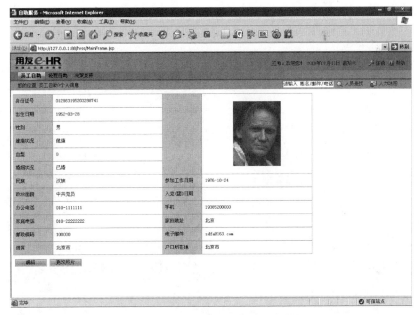

图 1-72　员工自助——个人基本信息

⑤作为考核人时，填写考核量表，评分，进行文字评价，确认对员工本人的考核报告；

⑥网上填写转正、调班、加班、休假、公出、离职等各种申请。

12. 经理自助

（1）模块结构图。经理自助功能结构如图 1-73 所示。

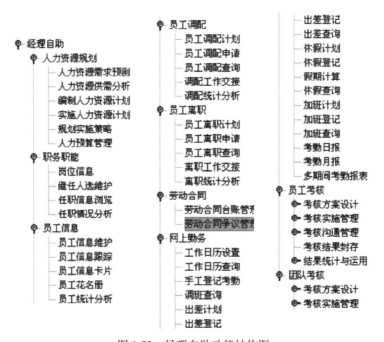

图 1-73 经理自助功能结构图

图 1-74 为经理自助中人力地图的查询结果。

（2）功能实现。在经理自助方面可以实现以下功能。

①经过授权可查询部门员工花名册、部门考勤情况、部门任职信息，进行部门员工统计分析、任职情况分析；

②进行继任人选维护、调配工作交接，采集部门培训需求、编写部门培训规划、申请培训活动；

③经过授权可更改员工考勤信息，在线管理和评估员工绩效；

④审批员工或下级部门的转正申请、培训申请、调休申请、加班申请、休假申请、公出申请、离职申请、退休申请等事项；

⑤提交部门级调配申请、离职申请、解聘申请、退休申请、返聘申请、人员需求申请、招聘计划申请、录用申请、调班申请、加班申请、公休申请、休假申请、薪资定调级申请等事务。

图 1-74　经理自助——人力地图

13. 决策支持

总经理自助满足总经理日常三项主要作业（查询、分析、审批），如图 1-75 所示。

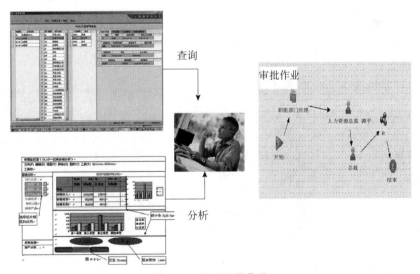

图 1-75　经理日常作业

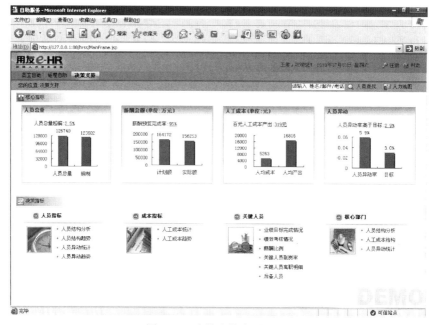

图 1-76　决策支持应用界面

（1）模块结构图。决策支持应用界面如图 1-76 所示。

（2）功能实现。在决策支持方面可以实现以下功能。

①集团总经理可自主查询集团内部人力资源的信息；

②进入各个模块，生成各类人力资源统计分析图表；

③设定审批流程，进行网上事务审批；

④在条件允许的情况下（行政机关业务管理系统、财务系统的基础数据比较完善，并能跟 e-HR 平台集成起来），能够获得各种辅助进行决策的人力资源经营指标；

⑤事业部、分子单位总经理可查询本事业部或分子单位及其下属单位事务。

第三节　e-HR 应用特点

人力资源管理系统是一种适合于多种人力资源管理解决方案的开放式平台：由用户自行定义多种信息数据项目；实现业务流程自定义与重组；管理工具以组件的形式灵活组配；通过战略模版控制不同层次的业务活动。

一、轻松的角色表演

人力资源管理系统将事务流程通过系统设置成工作方案，人力资源管理者在特定时段、特定方案下工作。管理者可以根据情况变化调整工作方案，用户在数据流的推拉下自动转换角色。

二、清晰的业务模式

人力资源管理系统为一般员工、直线经理和人力资源管理者等提供个性化的人力资源管理业务操作窗口，以事件和流程为中心规划业务进程，使琐碎的业务活动变得清晰明了。

三、及时的预警体系

系统预警平台对重大事件或者例外事件进行及时的预警。作为一个灵活、自动化的例外信息管理和报告工具，可以始终帮助企业了解运行中的关键活动和事件，有助于工作流程的自动化，更快、更好地进行经营决策。

四、亲切的个性应用

系统提供了多种手段和方式来满足个性化的应用要求，可以自行设置单据模板、查询模板、打印模板。菜单都可以自定义：针对每个操作员，都能够定义其菜单的组织方式与个性化名称，并且能够集成其他系统的应用，为每一个操作员都提供一个真正的一体化、个性化的操作环境与应用平台。

五、持续的知识积累

人力资源管理系统是提供人力资源管理知识和解决方案积累的平台，随时随地向人力资源管理专家提供分析工具和建议，向管理者提供决策支持。用户在管理上改进的成果和实践中积累的经验通过软件标准化成知识管理模块。

第四节　e-HR 应用价值

一、总体预期效果

对集团公司而言，e-HR 软件适应人力资源管理的发展趋势，改变了传统的人事管理模式，使人力资源管理更符合当今迅速变革的社会经济发展潮流。整体而言，导入 HR 软件可以带来如下优势。

1. 严格的流程管理

由于 HR 运行的整体性，要求系统有严格的流程和权限控制，在开发系统过程中充分考虑了各模块间流程的控制。系统根据这些预设的流程自行运转和监控，以事件和流程推动工作的运行。对不符合流程规定的用户操作，系统会自动报警，并屏蔽掉非法操作的影响。而且，这些流程的控制可以由系统管理员根据公司人力资源管理工作的运作需要自行设定。

2. 完全信息安全共享

e-HR 从根本上扭转了相对独立的各系统之间信息无法共享的弊端，所有的信息由专人进行维护。通过制订相应的信息浏览、调用、修改权限，保证系统相应的子模块信息只能在权限范围内被正确使用，从而实现信息及时、准确、安全地显示在需求人员的桌面上。

3. 突破时空限制

e-HR 软件采用纯 B/S 结构，可以随时随地通过互联网登录系统查询公司人力资源信息，提交或审批各种申请，完成众多的人力资源工作。同时，支持多人同时操作系统，也可以多人同时取得系统的服务，从而真正实现流动办公。

4. 降低工作成本

由于突破时间、空间、人数的限制，事务处理时间大大降低，可以节省人力资源管理的直接成本与间接成本。同时提升公司人力资源管理的竞争力，间接地增加公司的效益。

5. 提升作业品质

电脑化、网络化、流程化的工作条件和工作方式有利于减轻操作人员的手工工作负担，降低人为的误操作因素，减少工作中的错误，在提供更方便、更正确服务的同时，促进业务流程的顺利对接，改善人力资源管理工作的品质和所用人员的工作心态。

二、对相关角色的帮助

1. 高层管理人员

（1）为高层管理人员提供准确的时时信息。利用互联网，高层管理人员可以在任何一个地方进入系统，随时查阅与公司人力资源相关的基本信息，如查询公司人员的构成和分布状况，了解公司内部组织结构、下一级公司组织结构、公司总部和分子公司的人力资源现状，如图 1-77 所示，准确定位下属人员的工作绩效和在公司中的职位变动信息，掌握公司薪酬和福利现状，并方便地生成各种数据报表或图表。

图 1-77　人力资源基本信息

（2）方便高层管理人员进行事务审批。通过系统预设的审批流程，在高层管理人员进入系统之际，系统将提示需要该高层管理人员进行审批的事项，从而避免了因高层管理人员频繁公出而导致的事务运行暂停的局面，确保公司事务流程迅速运转，提高公司整体运行效率。同时，通过系统设定可以将审批事务指派给其他人员处理，节省了高层管理人员宝贵的时间。

（3）为高层管理战略决策提供支持。e-HR 软件不仅能够为高层管理人员的决策输出准确、及时的内部人力资源信息，而且提供了强大的管理工具和战略工具模块供客户选择，对这些人力资源信息进行深入的分析，如图 1-78 所示，对高层管理人员的战略决策提供更多的智力支持。

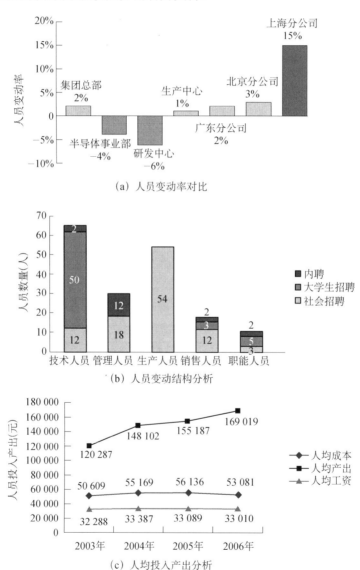

（a）人员变动率对比

（b）人员变动结构分析

（c）人均投入产出分析

图 1-78

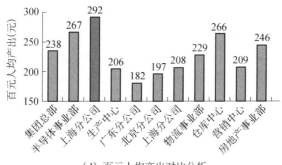

（d）百元人均产出对比分析

图 1-78 人力资源信息分析

2. 中层管理人员

（1）建立公司内部沟通语言。人力资源管理的大部分职能已经需要由员工的直接上级完成，部门经理也是一个人力资源管理者，e-HR 软件为中层管理人员履行人力资源管理职能提供了一个开放的平台，使人力资源管理职能够真正充分下放，为人力资源管理和部门事务管理对接提供支持，使人力资源管理部门与其他部门建立共同的沟通语言，提高公司整体的人力资源管理运作效率。

（2）履行工作职责。通过直线经理自助系统，或对直线经理开放相应的节点乃至字段，在公司内部可以实现集中控制，分散化处理。许多人力资源管理事务均需要通过二级管理来具体实现，如人事、培训、考勤、绩效评估、岗位管理均可借助系统功能实现部门级与公司级的同步处理。这样不仅提高了人力资源管理的效率，更使中层经理参与到公司的人力资源管理中。

（3）实施以人为本的管理。利用软件系统，中层经理可以及时、准确地掌握部门员工个人基本信息，能够在工作之中及时了解员工的动态信息，有利于从直接上级的角度对员工开展员工关怀、跟踪员工思想动态，从情感角度促进部门工作的开展。

（4）改进工作效率和效果。中层经理可以通过系统及时审批和处理下属人员提交的各种申请。利用绩效管理模块可以实现动态持续的员工工作绩效评估活动，避免在年终填写大量表格的繁重事务，从而更加准确地评估了员工工作绩效。而且利用系统可以随时了解员工的工作绩效、个人素质、业务能力等，能够根据员工的具体工作状态、工作能力，以及未来职业发展规划安排员工的具体工作，或采取灵活措施安排具体工作，避免员工对工作产生抵触情绪。

3. 人力资源管理人员

（1）提高人力资源管理效率。e-HR 软件能够提供强大的报表生成功能，可以随时了解相关人力资源管理的最新信息，不仅帮助人力资源管理人员从繁琐的事务工作中解脱出来，更能提高事务工作的处理效率和准确性、及时性。利用审批流管理，可以方便、快捷地处理员工加班、请假、休假、职务变动等具体日常事务。

e-HR 软件的薪资、福利管理模块使员工薪资、福利的计算更加方便，通过导入的考勤数据或绩效评估数据可以实现加班工资、绩效工资及薪资报表的自动生成，并提供与财务软件和银行的接口，支持数据的传输。

（2）支持后备人员的培养。人力资源管理者的工作效率提高，从而更能专注于员工开发和发展。通过中层经理对继任人员的维护，使人力资源管理部门或高层经理能够了解后备人员的现状，并制订个性化的培训计划或安排新的工作以培养其能力，实现为公司发展储备并培养后备人员。

（3）避免事务遗漏。系统提供预警功能，对合同到期、员工转正、员工生日等事件提供提前通知的功能。避免因遗忘而导致的事务中止，同时可以对员工进行人性化的员工关怀，有助于提高员工满意度。

（4）完善人力资源管理体系。软件也提供了人力资源管理的全员参与平台。使公司的人力资源管理工作从高层管理者的战略设定、方向指导，到人力资源管理部门的规划完善，再到中层经理的参与实施，最终到基层员工的自主管理，形成一个统一立体的管理体系。

4. 员工

（1）信息查看和维护。员工可以通过自助服务系统了解个人的出勤、假期、薪资福利等信息的历史和当前状况，并对专属于自己的个人信息进行查看或修改。同时，可以实现查询公司政策规定和相关的人力资源管理规章、制度。

（2）履行工作职责。利用预设的审批流程，员工可以方便地提交个人请假、休假、加班、公出等申请，并查询申请审批状态。同时，员工可以在网上实现个人工作评估，对其他同事或经理进行工作绩效评价。

（3）改进工作。快捷的工作事务处理流程和相关信息的透明化将会改进员工的工作满意度，提升员工工作效率和效果。同时，员工也可以对照绩效评估结果，提出培训需求、申请相关培训。

三、e-HR 带给集团企业的价值

e-HR 可以为集团企业带来战略、高效、规范、专业及协同价值。

1. 战略价值

建立现代人力资源管理模式、有效执行企业经营战略。

动态盘点、分析集团人力资源信息数据，如图 1-79 所示，为企业决策提供准确数据。

员工动态浏览人力政策和信息，参与各种考核、反馈等，提高企业文化传播和员工满意度。

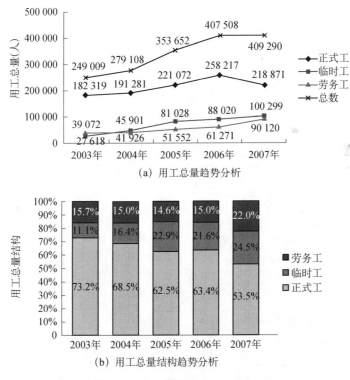

(a) 用工总量趋势分析

(b) 用工总量结构趋势分析

图 1-79

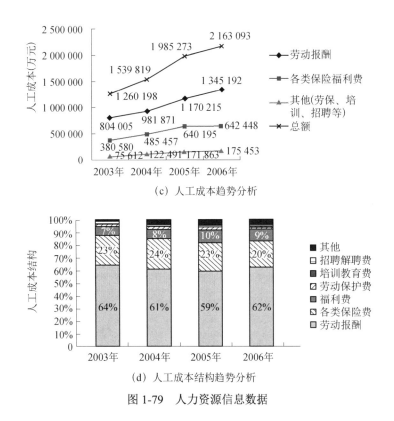

（c）人工成本趋势分析

（d）人工成本结构趋势分析

图 1-79　人力资源信息数据

为企业人力资源规划、战略管理提供有效的工具和方式。改变传统人事管理，逐步过渡到战略性人力资源管理。

2. 高效价值

提高人力资源管理人员的工作效率。提高集团总部与下级单位人力资源管理的沟通效率和效果，提高 HR 部门、直线部门、员工的沟通效率和效果。通过网络传递信息和业务，降低管理成本。

3. 规范价值

建立集团企业规范的人力资源信息库，实现人员的动态盘点，为决策提供人力分析数据。规范、统一集团各个单位人力资源管理体系、流程，实现总体要求与个性管理的有效执行，发挥集团人力的整体优势，提升企业竞争力。

4. 专业价值

借助系统预制的专业性人力资源管理流程、模版，实现企业人力资源管理的专业化、现代化。通过专业咨询公司合作，提供专业的人力资源管理解决方案。

先进的集团人力资源管理最佳时间应用。减轻人力资源管理人员的事务性工作量，保障其有精力、能力进行专业化的人力资源管理工作。

5. 协同价值

人力资源各种数据和业务处理通过工作流、审批流实现协同处理。集团企业各级单位之间实现人员变动、人力资源业务处理的协同工作。与其他业务系统集成应用，实现人力资源管理与其他如财务等管理系统数据共享和业务协同处理。

第二章

e-HR 实验

本章将人力资源的理论和方法与软件实用操作技巧相结合，用十二个实验系统地介绍 e-HR 系统的各个功能模块，分解了人力资源管理中各项功能的计算机系统操作步骤，方便读者了解当前人力资源管理中所包含的基本项目内容。

实验一　系统管理与基础设置

一、实验要求

（1）掌握如何设置公司目录。

（2）掌握如何设置部门档案。

（3）掌握如何设置人员类别。

二、实验内容

1. 设置公司目录

（1）公司目录。参见表 2-1。

表 2-1　公司目录信息

基本信息	公司编码	0101	0101-5	0101-51	0101-52	0101-6
	公司名称	华侨城集团总部	华侨城控股股份有限公司	华侨城中国旅行社	康佳集团股份公司	华侨城房地产公司

续表

基本信息	公司简称	华侨城集团	华侨控股	华侨中旅	康佳集团股份公司	华侨城房地产
	所有权份额	0	1	1	0.7	0.51
	是否控股		√			√
	经营单位			√	√	
	公司类型				企业法人	
	上级公司	华侨城集团总部		华侨城控股股份有限公司	华侨城控股股份有限公司	华侨城集团总部
	所属行业				其他电子设备制造业	
	法人代表			张力	张树起	
	公司类别	普通公司	普通公司	普通公司	普通公司	普通公司
	纳税人登记号				10988778888	
其他信息	注册资本（元）		30 000 000	500 000	100 000 000	
	成立日期	2003-09-01	2000-08-20	1998-08-12	1993-12-01	1999-08-04
	法人身份证号码				110108620908531	
	国家地区		中国	中国	中国	
	货币种类	人民币	人民币	人民币	人民币	
	省/自治区			广东	广东	广东
	主管部门名称				华侨城控股	
	市县			深圳	深圳	

（2）操作步骤。

①单击【基础数据】→【公司目录】后，【增加】按钮被激活，单击【增加】按钮，窗口右侧编辑区被激活，录入公司编码为"01"、公司名称为"华侨城集团总部"的公司信息，根据表 2-1 录入其余信息，单击【保存】按钮后，将新增公司保存。按照此方法输入其余各公司信息。

②在保存时，系统会提示输入主管编码、主管名称、密码、密码确认，可以输入相应数据，主管可以任意输入，不需要在用户管理中先建立。还需要注意的是，公司编码"0001"及公司名称"集团"不可以使用，因为系统对此已有用处。按照此方法输入下列公司目录信息，并生成图 2-1。

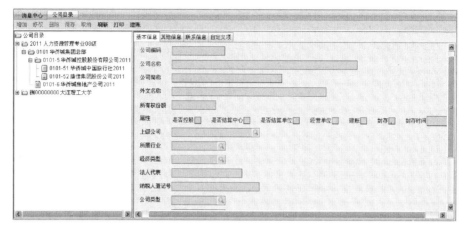

图 2-1　公司目录信息

2. 设置人员类别档案

（1）人员类别档案。参见表 2-2。

表 2-2　人员类别信息列表

单位：康佳集团股份公司

人员分类编码	人员分类名称	上级编码	上级名称
03	临时调转		
02	外派		
01	在职		
01m	管理人员	01	在职
M42	技术管理人员	01m	管理人员
M41	经营管理人员	01m	管理人员
01w	工人	01	在职
01e	职员	01	在职

（2）操作步骤。

①登录系统时在"公司"中选择"集团"进入。

②【客户化】→【基本档案】→【人员信息】→【人员类别】节点进入。

③首先选择归属范围"在职员工"，再选中"人员分类"，单击【增加】，添加人员类别"01"，输入分类名称"在职"。在"分类上级"中选择添加人员的上级，如将 D 设置为 C 的下级，就在分类上级选择 C。按照此方法输入下列人员类

别信息，生成图 2-2。

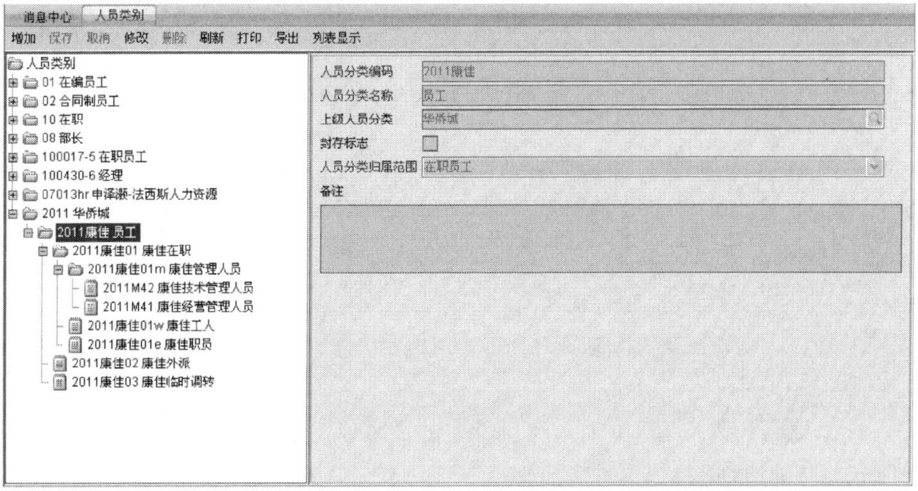

图 2-2　人员类别

3. 设置部门档案

（1）部门档案。参见表 2-3。

表 2-3　部门信息列表

公司：康佳集团股份公司

部门编码	部门名称	部门属性	上级部门	电话	地址
AC	财务部	其他部门	总裁会	8102	康佳大厦 102
AD	行政后勤部	其他部门	总裁会	8116	康佳大厦 116
BM	市场经营部	采购、销售部门	营销中心	8113	康佳大厦 113
GM	综合管理部	其他部门	总裁会	8120	康佳大厦 120
HR	人力资源部	其他部门	总裁会	5505	康佳大厦 101
HRC	薪资福利部	其他部门	人力资源部	5505	康佳大厦 101
HRE	员工关系部	其他部门	人力资源部	5505	康佳大厦 101
HRR	招聘调配部	其他部门	人力资源部	5505	康佳大厦 101
HRT	培训发展部	其他部门	人力资源部	5505	康佳大厦 101
LC	大客户部	销售部门	总裁会	8106	康佳大厦 106
LG	物流配送中心	其他部门	营销中心	8108	康佳大厦 108
MB	康佳通信科技公司	其他部门	总裁会	8118	康佳大厦 118

续表

部门编码	部门名称	部门属性	上级部门	电话	地址
PR	总裁会	其他部门		2190	康佳大厦 209
PU	采购部	采购部门	总裁会	8109	康佳大厦 109
RD	研发中心	其他部门	总裁会	8105	康佳大厦 105
RE	区域发展部	其他部门	营销中心	8110	康佳大厦 110
SL	营销中心	销售部门	总裁会	8104	康佳大厦 104
TV	康佳多媒体事业部	其他部门	总裁会	8117	康佳大厦 117

（2）操作步骤。

①进入系统后，依次单击左侧目录中的【客户化】→【基本档案】→【组织机构】→【部门档案】。

②打开【部门档案】，选中所要新建部门的上级部门，单击【增加】（如果没有上级部门则单击【部门】），输入部门编号"PR"、部门名称"总裁会"，依次设置其余参数信息，单击【保存】即可。组织机构的设置应当在子公司下完成。

按照此方法输入下列部门档案信息，生成图 2-3。

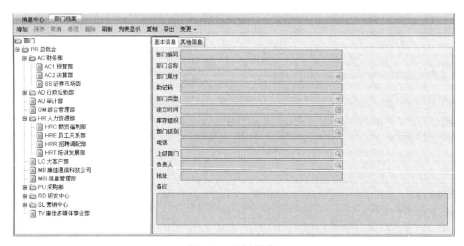

图 2-3　部门档案

实验二　职务职能管理

一、实验要求

（1）掌握如何设置岗位信息。
（2）掌握如何设置职务信息。

二、实验内容

1. 设置职务信息

（1）职务信息。参见表2-4。

表2-4　职务信息列表

职务类别	职务编码	职务名称
管理类	BA1	经理
	BA2	助理
	BA3	专员
	CEO	总经理
技术类	BQ1	总工程师
	BQ2	主任工程师
	BQ3	工程师
市场类	MA3	市场专员
	MA1	市场经理
	MA2	市场助理
后勤类	AD1	主任
	AD2	文员
生产类	PR1	车间主任
	PR2	班组长
	PR3	工人

（2）操作步骤。

①在主菜单中单击【人力资源管理】→【组织机构管理】→【组织信息】的子菜单【职务管理】，系统将弹出"职务管理"的浏览界面。

②在职务管理界面，在左侧的职务信息树中，选择"管理类"，单击【增加】按钮，在右侧页签中录入职务编码"BA1"、职务名称"经理"等其他信息，单击【保存】按钮完成操作。

③单击"职务描述（任职资格）"页签，输入对该职务的详细说明。

按照此方法输入表 2-4 的职务信息，并生成图 2-4。

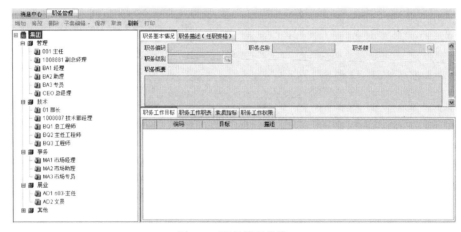

图 2-4　职务管理信息

2. 设置岗位信息

（1）岗位信息。参见表 2-5。

表 2-5　岗位信息列表

部门	岗位编码	岗位名称	相应职务	岗位序列	岗位等级	上级岗位	建立日期
财务部	AC1	财务部经理	经理	行政类	中级	总裁	2000-09-03
财务部	AC3	出纳	专员	工人	初级	财务部经理	2001-09-04
财务部	AC2	会计	专员	行政类	初级	财务部经理	2000-09-13
采购部	PU1	采购部经理	经理	市场类	中级	总裁	2000-09-02
大客户部	LC2	客户经理	专员	市场类	初级	大客户部经理	2000-09-13
康佳多媒体事业部	TV1	彩电厂主任	车间主任	行政类	中级	总裁	2000-09-02
康佳通信科技公司	PR2	班组长	班组长	工人	初级	车间主任	2000-09-27

续表

部门	岗位编码	岗位名称	相应职务	岗位序列	岗位等级	上级岗位	建立日期
康佳通信科技公司	PR1	车间主任	车间主任	行政类	中级	总裁	2000-09-02
康佳通信科技公司	PR3	生产工人	工人	工人	初级	班组长	2000-09-29
区域发展部	RE1	区域发展部经理	经理	企划类	中级	营销中心主任	2000-09-02
人力资源部	HR4	绩效专员	专员	行政类	初级	人力资源部经理	1999-09-23
人力资源部	KQ	考勤专员	专员	行政类	初级	人力资源部经理	2003-09-08
人力资源部	PX	培训专员	专员	行政类	初级	人力资源部经理	2003-09-08
人力资源部	HR1	人力资源部经理	经理	行政类	中级	总裁	1999-09-02
人力资源部	HR3	薪资专员	专员	行政类	初级	人力资源部经理	1999-09-22
人力资源部	HR2	招聘专员	专员	行政类	初级	人力资源部经理	1999-09-22
审计部	AU3	工程审计	助理	行政类	初级	审计部主任	2000-09-20
市场经营部	BA	市场经营部主任	经理	市场类	中级	营销中心主任	2000-09-02
物流配送中心	LG1	物流配送中心经理	经理	市场类	中级	营销中心主任	2000-09-20
信息管理部	MIS1	信息部经理	经理	研究类	中级	总裁	2000-09-02
行政后勤部	AD1	行政部经理	经理	行政类	中级	总裁	2000-09-02
研发中心	RD1	研发部经理	经理	研究类	中级	总裁	2001-09-02
研发中心	RD2	研发工程师	工程师	研究类	初级	研发部经理	2001-09-29
综合管理部	CE1	综合管理部主任	经理	行政类	中级	总裁	2000-09-02
总裁会	CEO2	副总裁	总经理	行政类	高级	总裁	2002-09-08
总裁会	CEO	总裁	总经理	行政类	高级		2001-09-02

（2）操作步骤。

①在主菜单中单击【人力资源】→【组织机构管理】→【岗位管理】的子菜单【岗位信息】，系统将弹出"岗位信息"的浏览界面。

②在岗位信息界面，选择"0101-52 康佳集团股份公司"，单击【增加】，输入岗位编码"AC1"、岗位名称"财务部经理"，其余信息按照表 2-5 所列的内容录入，录入完成后单击【保存】。继续录入其他岗位信息。

按照此方法输入下列岗位信息，并生成图 2-5。

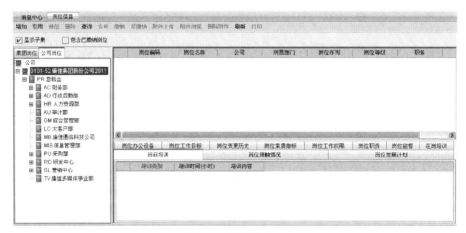

图 2-5 岗位信息

实验三 员工信息管理

一、实验要求

（1）掌握员工信息的采集与维护。
（2）员工信息卡片花名册。
（3）员工统计分析。

二、实验内容

1. 增加员工信息
（1）员工信息。参见表 2-6。

表 2-6 员工信息列表

公司：康佳集团股份公司					
人员编码	人员姓名	部门编码	部门名称	人员类别	岗位名称
XZ	黄慧心	HR	人力资源部	经营管理人员	薪资专员
ZP	梁小敏	HR	人力资源部	经营管理人员	招聘专员
HRM	谭平	HR	人力资源部	经营管理人员	人力资源部经理

续表

人员编码	人员姓名	部门编码	部门名称	人员类别	岗位名称
JX	李子岩	HR	人力资源部	经营管理人员	绩效专员
KQ	白杰	HR	人力资源部	经营管理人员	考勤专员
PX	张军	HR	人力资源部	经营管理人员	培训专员
AD002	罗蕙	AC	财务部	在职	出纳
AC001	王玉琴	AC	财务部	经营管理人员	财务部经理
AC002	古月	AC	财务部	经营管理人员	会计
MB008	丁香	RD	研发中心	职员	研发工程师
RD012	费斌	LC	大客户部	职员	客户经理
AU003	黄雅萍	AU	审计部	经营管理人员	工程审计
LG001	任锋	LG	物流配送中心	经营管理人员	物流配送中心经理
PU001	文辉	PU	采购部	经营管理人员	采购部经理
RE001	朱明	RE	区域发展部	经营管理人员	区域发展部经理
MS001	党军	MIS	信息管理部	经营管理人员	信息部经理
AU002	洪光辉	BM	市场经营部	经营管理人员	市场经营部主任
BM001	武勇军	BM	市场经营部	经营管理人员	市场经营部主任
AD001	曾湘	AD	行政后勤部	经营管理人员	行政部经理
TV001	祝心竹	TV	康佳多媒体事业部	经营管理人员	彩电厂主任
MB001	董超	MB	康佳通信科技公司	经营管理人员	车间主任
MB003	王永成	MB	康佳通信科技公司	工人	班组长
MB011	谢雅芳	MB	康佳通信科技公司	临时调转	生产工人
GM001	黄锐	GM	综合管理部	经营管理人员	综合管理部主任
PR1	李凝	PR	总裁会	管理人员	总裁
PR2	王春	PR	总裁会	管理人员	副总裁

（2）操作步骤。

①在主菜单中单击【人力资源】→【人员信息管理】的子菜单【人员信息采集】，系统将弹出"人员信息采集"的浏览界面。单击【增加】，输入人员"黄慧心"的信息内容，单击【保存】进行保存。按照此方法输入表 2-6 中其他人员的信息。

②单击【转入人员档案】按钮，当新增加的人员信息转入到系统人员档案，只有转入后才可以被系统其他模块有效引用。

③进入【人力资源】→【人员信息管理】的子菜单【人员信息维护】，系统将弹出"人员信息维护"的浏览界面。先后单击【查询】和【确定】按钮，显示

出所有人员的列表，如图 2-6 所示。

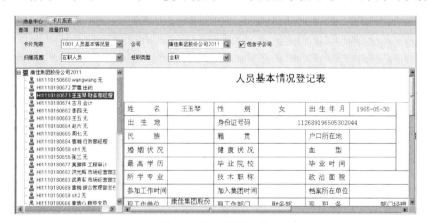

图 2-6 人员信息列表

④选择"黄慧心"所在行单击【人员信息】，进入"人员信息"页面，再单击【编辑】按钮进行人员信息的修改，最后单击【保存】按钮。

2. 员工信息卡片与花名册

操作步骤：

（1）在主菜单中单击【人力资源】→【人员信息管理】→【卡片管理】的子菜单【卡片报表】，系统将弹出"员工信息卡片"的浏览界面。

（2）在部门列表中选择"HR 人力资源部"，单击【卡片列表】按钮，在弹出的对话框中选择"人员基本情况登记表"并确定，在右侧界面显示出卡片样式。如图 2-7 所示，单击"王玉琴"，便可看到王玉琴的基本信息了。此卡片可以打印。

图 2-7 员工信息卡片

（3）在主菜单中单击【人力资源】→【人员信息管理】的子菜单【花名册】，系统将弹出"花名册"的浏览界面。单击【选择花名册】的选择栏，如图 2-8 所示，选择"员工花名册"，单击【确认】。

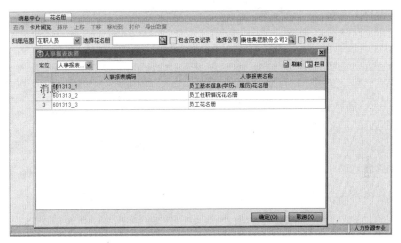

图 2-8　花名册类别

（4）在主界面单击【查询】按钮，再单击【确认】完成操作，如图 2-9 所示。

图 2-9　员工花名册列表

3. 员工统计与分析

操作步骤：

（1）在主菜单中单击【人力资源】→【人员信息管理】的子菜单【统计分析】，系统将弹出"统计分析"的浏览界面。

（2）单击【统计类别】，弹出"选择统计类别对话框"，如图 2-10 所示。

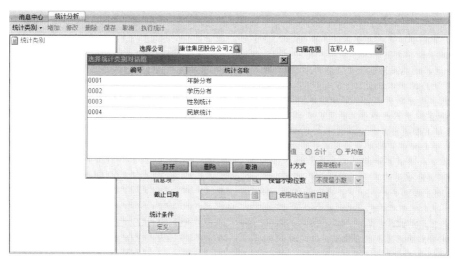

图 2-10　统计类别

（3）选择"年龄分布"，单击【打开】，将光标移至"0001 年龄分布"，如图 2-11 所示，单击【执行统计】。

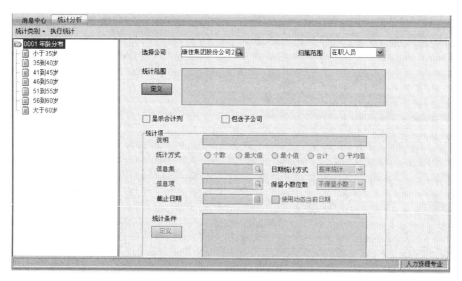

图 2-11　按年龄分布执行统计

（4）选择"三维簇状柱形图"，出现员工统计分析图，如图 2-12 所示。

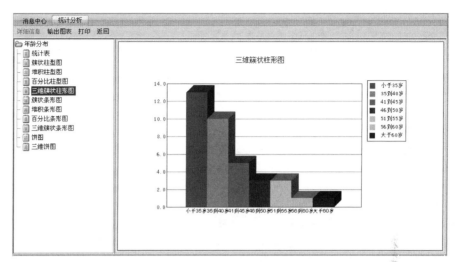

图 2-12　年龄分布三维柱状图

（5）可以外输出图表，也可以打印图表。单击【返回】完成统计。

实验四　招聘甄选管理

一、实验要求

（1）完成招聘需求。
（2）完成招聘计划。

二、实验内容

1. 增加 HR003 人力资源部的人员需求

（1）人员需求增加列表。参见表 2-7。

表 2-7　人员需求增加列表

公司：康佳集团股份公司						
单据编码	单据名称	申请日期	申请部门	申请人	拟到岗时间	申请原因
HR003	人力资源部	2003-09-04	人力资源部	03HR白杰	2003-09-04	

续表

岗位名称	编制数	现有人数	拟增人数	批准人数	要求到职日期	申请原因	岗位薪资	特殊说明
招聘专员	0	1		1	2003-09-23	扩编	3000 元	

（2）操作步骤。

①在主菜单中单击【招聘管理】→【招聘需求】的子菜单【人员需求申请】，系统将弹出"人员需求申请"的界面。选择单据状态为"编写中"。

②单击【增加】按钮并在右侧输入名称为"人力资源部的人员需求"、编码为"HR003"、部门等信息后，单击【需求内容】按钮组中【增加行】或者【删除行】按钮在表格中输入具体内容后，单击【保存】按钮，完成操作。

③在主菜单中单击【招聘管理】→【招聘需求】的子菜单【人员需求审批】，系统将弹出"人员需求审批"的界面。选择单据状态为"编写中"，单击【查询】按钮，再单击【确定】。

④选择"HR003"审批单，单击【审批】按钮完成审批，如图 2-13 所示。

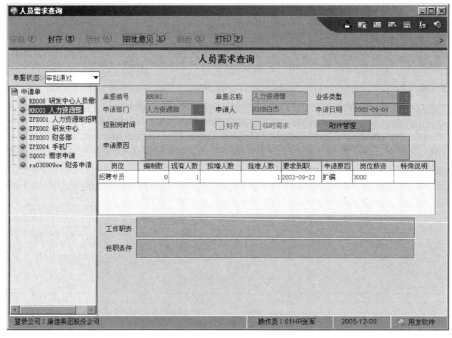

图 2-13　人员需求查询

2. 增加 HR003 招聘计划

操作步骤：

（1）在主菜单中单击【招聘甄选管理】→【招聘计划】的子菜单【招聘计划申请】，系统将弹出"招聘计划申请"的界面。

（2）选择单据状态为"编写中"，单击【增加】按钮并在右侧表头输入"HR招聘计划"、开始日期为"2005-12-10"、终止日期为"2005-12-30"、负责人为"李平"，单击【计划内容】按钮，选择"HR003 人力资源部"人员需求单位，单击【保存】按钮，并单击【提交】，完成操作。

（3）在主菜单中单击【招聘甄选管理】→【招聘计划】的子菜单【招聘计划审批】，系统将弹出"招聘计划审批"的界面。

（4）选择单据状态为"审批中"，单击【查询】按钮，再单击【确定】。在列表中选择"HR003 招聘计划"审批单，单击【审批】，再单击【审核】，完成审批工作。

实验五　人员变动管理

一、实验要求

完成人员转正、调配、离职的申请及审批设置。

二、实验内容

1. 填写调配申请单

（1）调配申请表。参见表 2-8。

表 2-8　调配申请表

待调配人	所在部门	调配业务类型	调配原因	新调部门	计划调配日期
白杰	人力资源部	晋升	晋升需要	审计部	2012-03-01

（2）操作步骤。

①在【人力资源】主菜单中，单击【人员变动管理】→【人员调配】的子菜

单【调配申请】，单击【增加】按钮，增加一项调配申请，如图 2-14 所示。

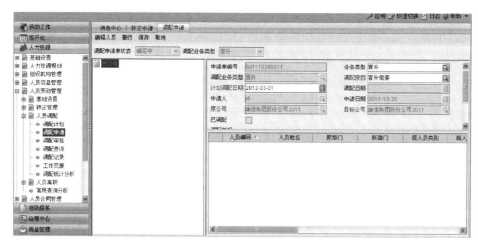

图 2-14　调配申请增加

　　②单击【编辑人员】可以选择待调配人员，进入窗口，单击【增加人员】，如图 2-15 所示。

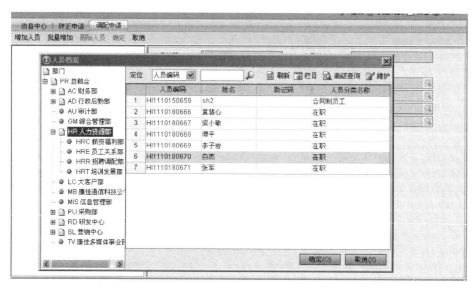

图 2-15　待调配人员列表

　　③选择"白杰"，单击【确定】并填写右侧相应的信息，如图 2-16 所示。

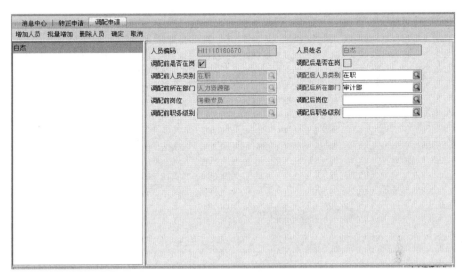

图 2-16　调配人员信息填写

④单击【确定】，并保存、提交，调配申请完成。

2. 对人员调配进行审批

（1）在【人力资源】主菜单中，单击【人员变动管理】→【人员调配】的子菜单【调配审批】，单击【查询】按钮，调配申请单状态选择"待处理"，调配业务类型选择"晋升"，如图 2-17 所示。

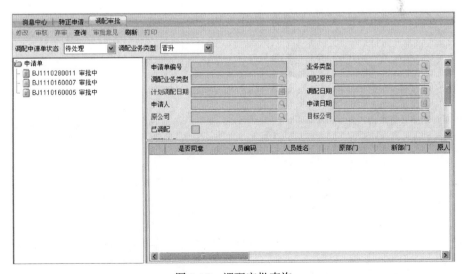

图 2-17　调配审批查询

（2）选择一项，单击【审核】按钮，在图 2-18 所示界面中单击【批准】按钮，审核通过。

图 2-18　审批意见填写

3. 调配查询

在【人力资源】主菜单中，单击【人员变动管理】→【人员调配】的子菜单【调配查询】，进入查询界面，单击【查询】按钮，如图 2-19 所示。

图 2-19　调配申请查询

实验六　培训开发管理

一、实验要求

（1）完成部门培训需求的设置。
（2）完成培训活动的设置。

二、实验内容

1. 填报财务部培训需求表

（1）财务部培训需求表。参见表 2-9。

表 2-9　财务部培训需求列表

需求人	需求部门	培训需求类型	培训类别	培训方式	预计开始时间	预计培训时长	培训时长单位	预计费用总额	预计参训人数	需求紧迫程度
	财务部	标准	计算机培训	在职培训	2005-06-01	3.00	天	0.00	0	紧急

（2）操作步骤。

①在【人力资源】主菜单中，单击【培训管理】→【培训需求】的子菜单【部门需求填报】，从调查表参照中选择"技能类需求调查表"，单击【增加】按钮。

②单据状态为"编写中"，进入部门需求表的增加界面，按表 2-9 所示输入所需的数据，审批方式选择"审批流"，单击【确定】按钮后，单击【提交】按钮，如图 2-20 所示。

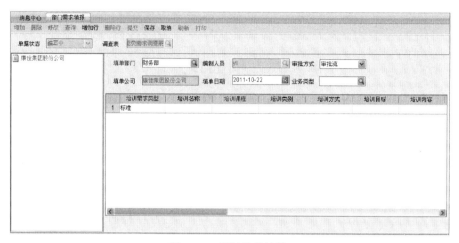

图 2-20　部门需求填报

2. 部门需求审阅及查询

操作步骤：

（1）在【人力资源】主菜单中，单击【培训管理】→【培训需求】的子菜单【部门需求审阅】，系统将弹出"部门需求审阅"的界面，选中一个部门培训需求审阅，然后单击【审批】按钮，如图 2-21 所示。

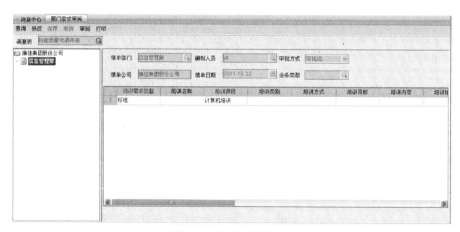

图 2-21　部门需求审阅

（2）在【人力资源】主菜单中，单击【培训管理】→【培训需求】的子菜单【培训需求查询】便可以查询到已经审批通过的需求表，如图 2-22 所示。

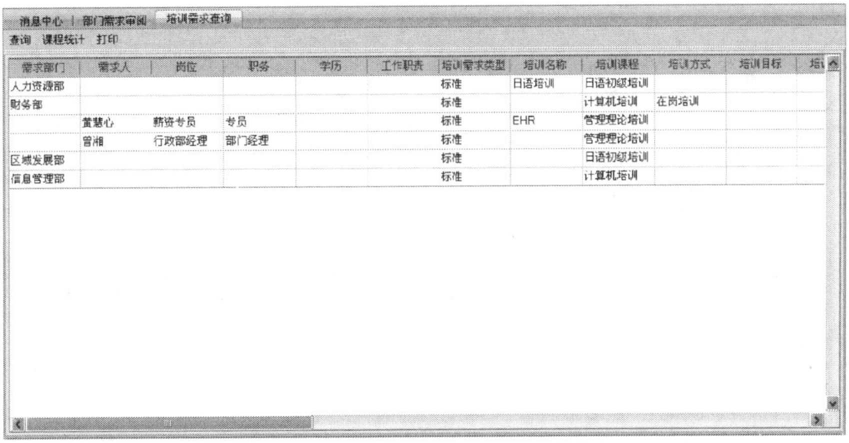

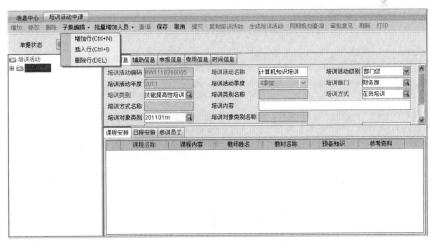

图 2-22　部门培训需求查询

3. 财务部培训活动设置

操作步骤：

（1）要增加一个培训活动申请，在【人力资源】主菜单中，单击【培训管理】→【培训活动】的子菜单，进入"培训活动申请"界面，单击【增加】按钮，界面换成编辑状态，输入培训活动名称"财务"等相关数据后，单击【确定】按钮进行保存。培训活动编码为系统自动成生。单击【子集编辑】下的【增加行】（图 2-23），可以增加培训活动课程、时间安排、参训员工子集信息，单击【提交】。

图 2-23　培训活动申请的填写

（2）在【人力资源】主菜单中，单击【培训管理】→【培训活动】的子菜单，进入"培训活动审批"界面，单击【查询】按钮，再单击【确定】，选择培训活动中的"财务",则右方显示出已提交的"财务"培训活动审批界面（图 2-24），单击【审批】，并单击【确定】即可。

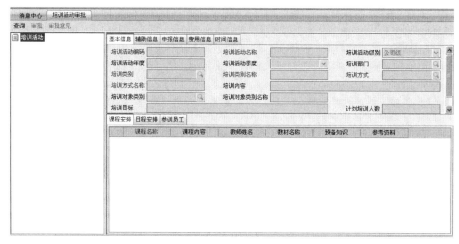

图 2-24　培训活动审批

实验七　考 勤 管 理

一、实验要求

（1）基础设置。
（2）生成考勤月报。

二、实验内容

1. 基础设置
（1）设置考勤规则。操作步骤：
①在主菜单中单击【考勤管理】→【基础设置】的子菜单【考勤规则】，系统将弹出"考勤规则"的浏览窗口。
考勤设置页面参见图 2-25。

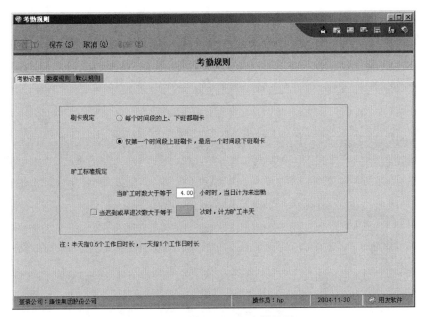

图 2-25　考勤规则——考勤设置

数据规则页面参见图 2-26。

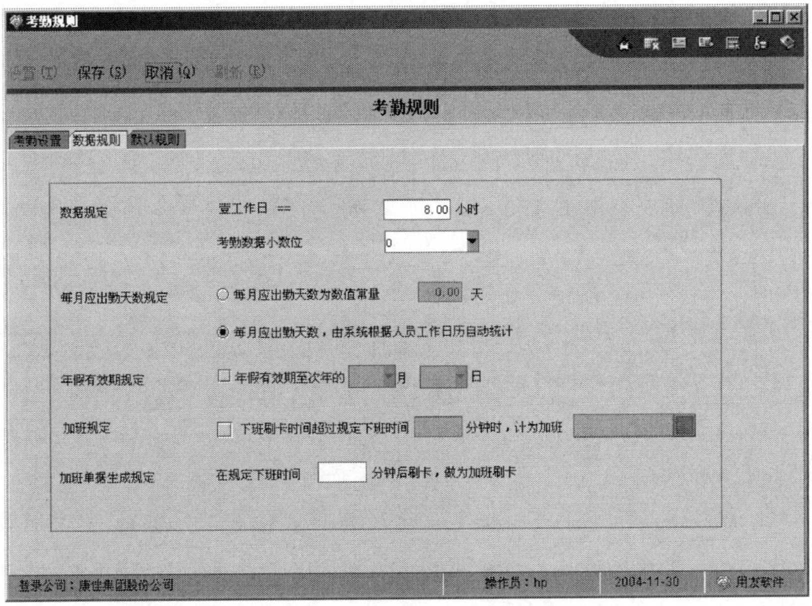

图 2-26　考勤规则——数据规则

默认规则页面参见图 2-27。

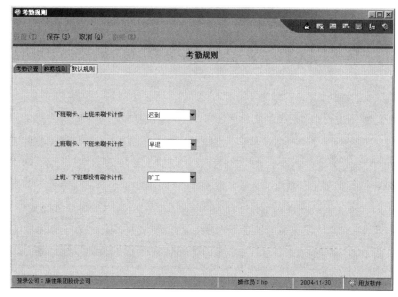

图 2-27　考勤规则——默认规则

②单击【保存】按钮。

（2）设置考勤期间。操作步骤：在主菜单中单击【考勤管理】→【基础设置】的子菜单【考勤期间】，系统将弹出"考勤期间"的浏览窗口。单击【设置】按钮，根据屏幕提示设置"考勤年 2003""考勤年 2004""考勤年 2005"的考期期间，结束后单击【确定】保存，如图 2-28 所示。

（3）设置公休日定义。操作步骤：进入【公休日定义】，系统将弹出"公休日定义"的维护窗口。单击【增加】按钮，将法定节假日录入，单击【保存】即可，如图 2-29 所示。

（4）工作日历的设置及查询。操作步骤：

①在主菜单中单击【考勤管理】→【基础设置】的子菜单【工作日历设置】，系统将弹出"工作日历设置"的浏览界面。开始日期设为"2003-09-01"，截止日期设为"2003-09-30"，并在设置栏对班次进行设置，如图 2-30 所示。完成后单击【生成日历】按钮。

②在主菜单中单击【考勤管理】→【基础设置】的子菜单【工作日历查询】，系统将弹出"工作日历查询"的浏览窗口。在查询部门选择"财务部"，查询年份选择"2003"，查询月份选择"九月"，单击【查询】，便可查出财务部九月份的部门排班表，如图 2-31 所示。

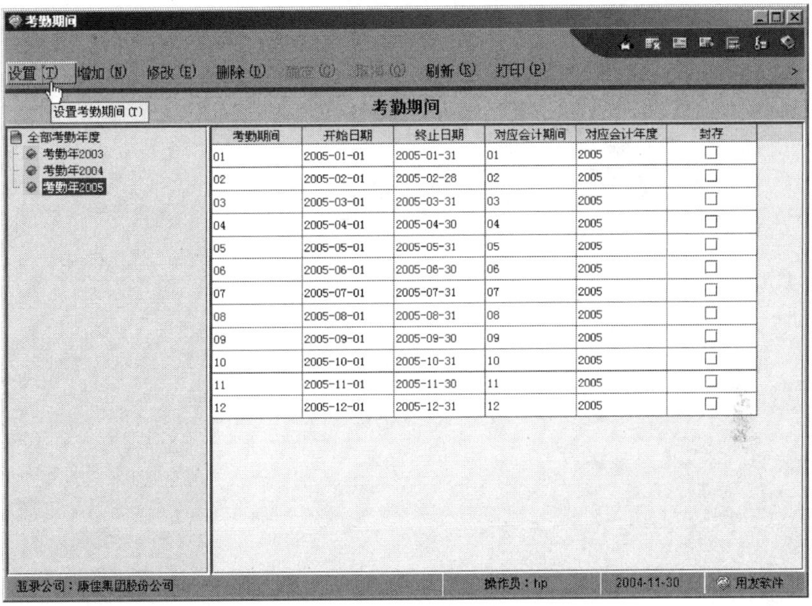

考勤期间	开始日期	终止日期	对应会计期间	对应会计年度	封存
01	2005-01-01	2005-01-31	01	2005	☐
02	2005-02-01	2005-02-28	02	2005	☐
03	2005-03-01	2005-03-31	03	2005	☐
04	2005-04-01	2005-04-30	04	2005	☐
05	2005-05-01	2005-05-31	05	2005	☐
06	2005-06-01	2005-06-30	06	2005	☐
07	2005-07-01	2005-07-31	07	2005	☐
08	2005-08-01	2005-08-31	08	2005	☐
09	2005-09-01	2005-09-30	09	2005	☐
10	2005-10-01	2005-10-31	10	2005	☐
11	2005-11-01	2005-11-30	11	2005	☐
12	2005-12-01	2005-12-31	12	2005	☐

图 2-28　考勤期间

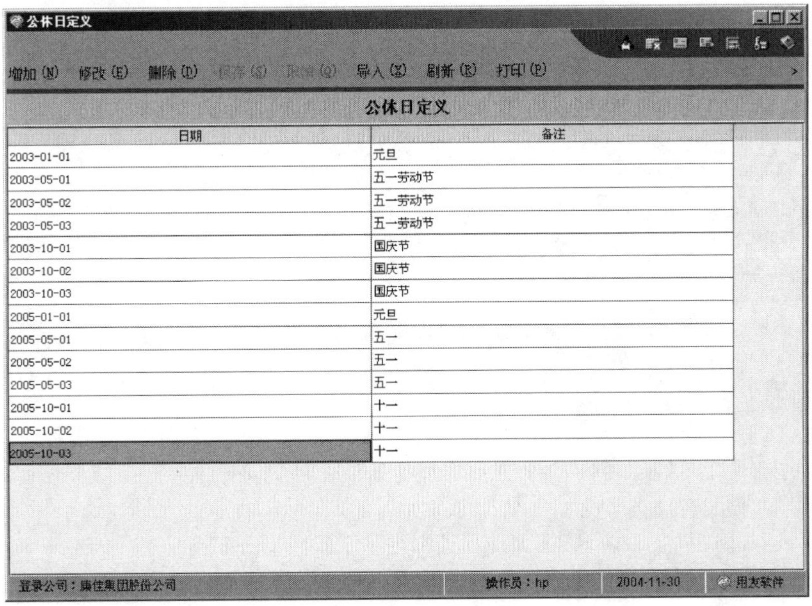

日期	备注
2003-01-01	元旦
2003-05-01	五一劳动节
2003-05-02	五一劳动节
2003-05-03	五一劳动节
2003-10-01	国庆节
2003-10-02	国庆节
2003-10-03	国庆节
2005-01-01	元旦
2005-05-01	五一
2005-05-02	五一
2005-05-03	五一
2005-10-01	十一
2005-10-02	十一
2005-10-03	十一

图 2-29　公休日定义

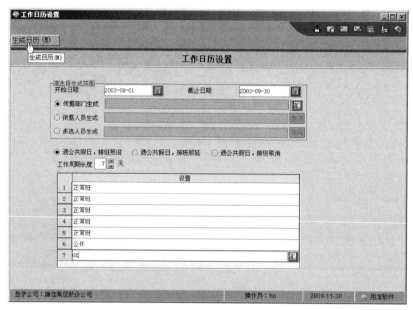

图 2-30　工作日历设置

图 2-31　工作日历查询

2. 生成财务部 2003 年九月考勤表

（1）财务部 2003 年九月考勤表。参见表 2-10。

表 2-10　财务部 2003 年九月考勤表

序号	姓名	部门	迟到次数	早退次数	早退时长（分钟）	旷工工时	应出勤天数	本地出差（小时）	外埠出差（天）
1	王玉琴	财务部	6	20	0	8	0	16	0
2	古月	财务部	7	21	0	8	0	0	0
3	罗蕙	财务部	13	4	0	1	0	0	5

（2）操作步骤。

①在主菜单中单击【考勤管理】→【考勤处理】的子菜单【手工考勤数据】，系统将弹出"手工考勤数据"的浏览窗口。部门选择"财务部"，考勤期间选择"2003-09"，单击【按人浏览】，如图 2-32 所示。然后根据表 2-10 所示内容对人员进行迟到和早退处理。

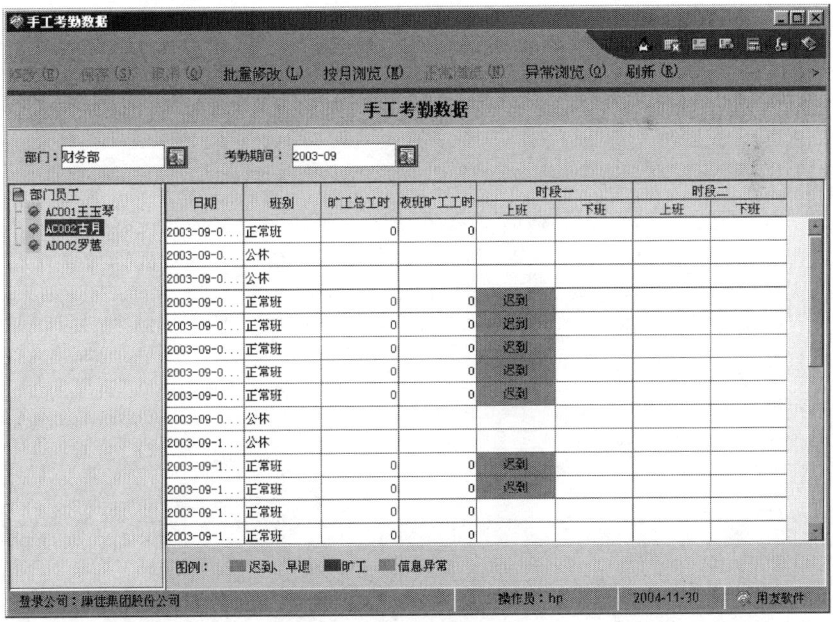

图 2-32　手工考勤数据

②在主菜单中单击【考勤管理】→【统计分析】的子菜单【考勤日报】，系统将弹出"考勤日报"的浏览窗口，如图 2-33 所示。

图 2-33　考勤日报

③选择"部门考勤日报表"单击【查询】，生成考勤日报表，如图 2-34 所示。

图 2-34　考勤日报表

④在主菜单中单击【考勤管理】→【统计分析】的子菜单【考勤月报】，系统将弹出"考勤月报"的浏览窗口。选择部门为"财务部"，考勤期间为"200309"，

单击【生成】，便生成财务部九月份考勤月报表，如图 2-35 所示。单击【导出】可导出报表。

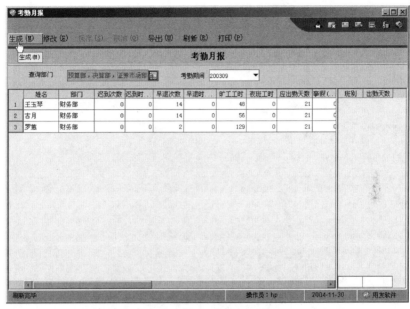

图 2-35   考勤月报表

实验八   绩 效 管 理

一、实验要求

（1）考核方案定义。
（2）考核人类别设计。
（3）生成考核结果。

二、实验内容

1. 定义"2003 财务部季度考核方案"

操作步骤：

（1）在主菜单中单击【绩效管理】→【考核方案】→【员工考核方案】的子

菜单【员工考核方案定义】，系统将弹出"员工考核方案定义"的浏览窗口。单击【增加】按钮，输入方案编号"AC2003"、方案名称"财务部季度考核方案"、考核类型"季度考核"、绩效等级"3"，单击【保存】按钮，并继续单击【设为当前操作方案】，如图 2-36 所示。

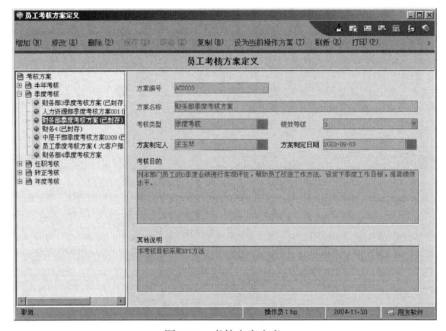

图 2-36　考核方案定义

（2）在主菜单中单击【绩效管理】→【考核方案】→【员工考核方案】的子菜单【考核人类别设置】，系统将弹出"考核人类别设置"的界面。单击【增加】按钮，设置考核人员类别"上级"和"本人"，权重分别为"75%"和"25%"，单击【保存】，如图 2-37 所示。

（3）在主菜单中单击【绩效管理】→【考核方案】→【员工考核方案】的子菜单【员工考核量表定义】，系统将弹出"员工考核量表定义"的界面。分别制定"财务部经理""会计"和"出纳"的绩效指标，单击【保存】按钮，如图 2-38 所示。

（4）在主菜单中单击【绩效管理】→【考核方案】→【员工考核方案】的子菜单【员工指标权重定义】，系统将弹出"员工指标权重定义"的界面。依次录入"经理及上级量表""会计及上级量表"和"出纳及上级量表"的考核指标及指标权重，如图 2-39 所示。

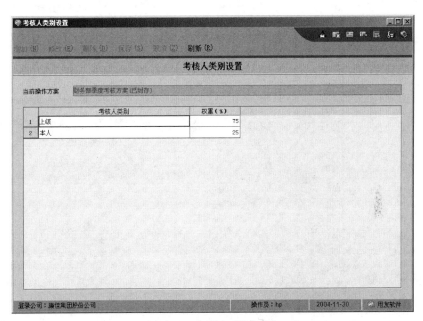

图 2-37 考核人类别设置

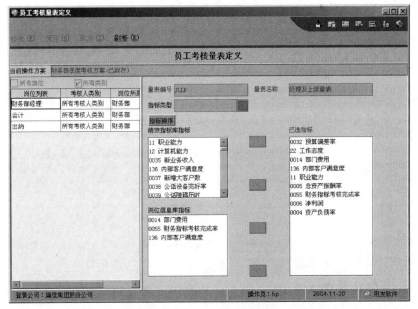

图 2-38 员工考核量表定义

图 2-39 员工指标权重定义

2. 生成财务部考核结果

（1）财务部考核结果。参见表 2-11。

表 2-11 员工考核结果列表

序号	员工编号	员工姓名	态度		客户指标		能力		财务指标		服务经营指标		综合得分	绩效等级
			得分	等级	得分	等级	得分	等级	得分	等级	得分	等级		
1	AC006	林雅欣	91	好			91.5	好	100	好	100	好	95.6	好
2	AC002	古月	89.25	好			70	中	90	好			85.85	好
3	AC001	王玉琴	94.5	好	80	中	89.25	好	79	中	82.5	好	82.38	好

（2）操作步骤。

①在主菜单中单击【绩效管理】→【考核实施管理】→【员工考核实施】的子菜单【定义员工考核实施】，系统将弹出"定义员工考核实施"的浏览窗口。单击【增加】按钮，考核方案自动添加到下面的实施方案列表中，输入方案实施名称、考核期间、实施组织者。完成操作后单击【保存】按钮，如图 2-40 所示。

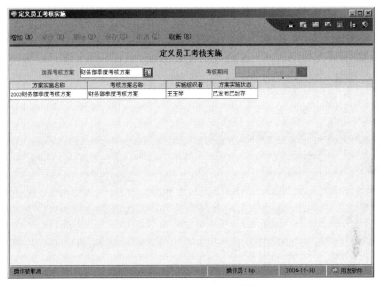

图 2-40 定义员工考核实施

②在主菜单中单击【绩效管理】→【考核实施管理】→【员工考核实施】的子菜单【选择考核人】，系统将弹出"选择考核人"的界面。在选择考核人界面选择"2003年3季度财务部考核"，在被考核人列表中选择一条记录，单击【修改】按钮，如图2-41所示，然后单击右侧界面中的【选择】按钮增加考核人，【删除】按钮删除考核人。完成操作后，单击【保存】按钮。

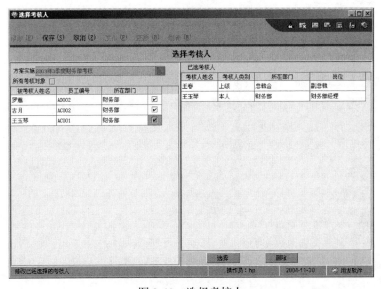

图 2-41 选择考核人

③在主菜单中单击【绩效管理】→【考核实施管理】→【员工考核实施】的子菜单【设置员工定量目标】，系统将弹出"设置员工定量目标"的界面。选择"2003 财务部季度考核方案"，在被考核人列表中选择一条记录，单击【修改】按钮可以修改绩效指标的计划目标值。操作完成后，单击【保存】按钮。如图 2-42 所示。

图 2-42　设置员工定量目标

④在主菜单中单击【绩效管理】→【考核实施管理】→【员工考核实施】的子菜单【员工实施量表考核】，系统将弹出"员工实施量表考核"的界面。在员工实施量表考核界面，选择"2003 财务部季度考核方案"，指定"古月"，在被考核人列表中选择一行，单击【过程】按钮进入指标打分界面，单击【修改】按钮，可以根据表 2-11 修改绩效指标列表中指标的"评分"。完成操作后单击【保存】按钮。在打完分数后，可以单击【计算得分】查看该员工的总分。如图 2-43 所示。

⑤按照该方法，依次完成"王玉琴"和"林雅欣"的打分，并进行计算。

⑥在主菜单中单击【绩效管理】→【考核实施管理】→【员工考核实施】→【生成考核结果】，系统将弹出"生成考核结果"的浏览窗口。选择方案实施名称"2003 财务部季度考核方案"，单击【生成考核结果】。

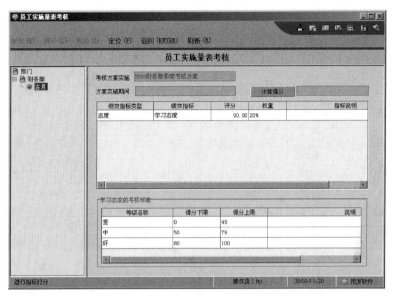

图 2-43　员工实施量表考核

⑦在主菜单中单击【绩效管理】→【结果统计与运用】→【员工】的子菜单【员工考核结果浏览】，系统将弹出"员工考核结果浏览"的浏览窗口。选择实施"2003 财务部季度考核方案"，在"员工考核结果"中选择"员工考核最终成绩"，单击【查询】，显示出财务部的考核结果。如图 2-44 所示。

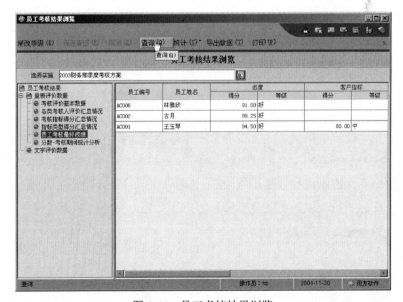

图 2-44　员工考核结果浏览

实验九　薪　酬　管　理

一、实验要求

（1）增加薪资类别并打开类别。
（2）设置薪资项目。

二、实验内容

1. 增加薪资类别

增加"高层管理人员薪资""管理部门薪资"和"汇总工资类别"三种工资类别，并打开"高层管理人员薪资"类别（表2-12）。

表 2-12　工资类别列表

单位：康佳集团股份公司

名称	币种	扣税设置	默认税率表	所得项目名称	扣零设置	是否月末制单	是否要复审	是否汇总类别
高层管理人员薪资	人民币	代缴税	代缴税	工资所得	不扣零	是	是	否
管理部门薪资	人民币	代扣税	代扣税	工资所得	不扣零	是	是	否
汇总工资类别	人民币	不扣税		薪资	不扣零	否	否	是

操作步骤：

（1）在主菜单中单击【人力资源】→【薪酬管理】→【发放设置】的子菜单【薪资类别】，系统将进入"薪资类别"窗口。在"薪资类别"窗口，单击【增加】按钮，根据界面提示内容依次录入表2-12中"高层管理人员薪资""管理部门薪资"和"汇总工资类别"的各项参数内容，项目输入完毕后单击【保存】按钮，将新增内容保存。如图2-45所示。

（2）在主菜单中单击【人力资源】→【薪酬管理】→【发放设置】的子菜单【薪资发放项目】，系统将进入"薪资发放项目"窗口。在"薪资发放项目"窗口，在薪资类别的下拉菜单中选择"高层管理人员薪资"，如图2-46所示。

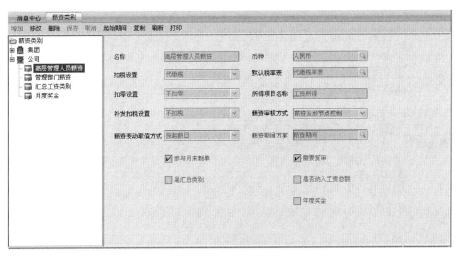

图 2-45 薪资类别

图 2-46 薪资发放项目

2. 设置"高层管理人员"薪资类别的薪资项目

(1) 薪资项目列表。参见表 2-13。

表 2-13 薪资项目列表

单位：康佳集团股份公司

名称	类型	长度	小数位数	增减属性
应发合计	数值型	12	2	增项
扣款合计	数值型	12	2	减项

续表

名称	类型	长度	小数位数	增减属性
实发合计	数值型	12	2	增项
本次扣税	数值型	12	2	减项
本次扣税基数	数值型	12	2	其他项
本月扣零	数值型	12	2	其他项
上月扣零	数值型	12	2	其他项
已扣税	数值型	12	2	其他项
已扣税基数	数值型	12	2	其他项
补发扣税	数值型	12	2	减项
补发金额	数值型	12	2	增项
交住房公积金	数值型	12	2	减项
年终发放	数值型	12	2	增项
综合津贴	数值型	12	2	增项
年薪	数值型	12	2	其他项
每月发放	数值型	12	2	增项
其他补贴	数值型	12	2	增项
交养老保险	数值型	12	2	减项
交失业保险	数值型	12	2	减项
交医疗保险	数值型	12	2	减项
年度绩效系数	数值型	12	2	增项
年度绩效等级	字符型	20	0	其他项

（2）操作步骤。

① 在【发放设置】→【薪资发放项目】窗口单击【增加】按钮，在左边薪资项目列表增加一个名称为"年薪"的薪资项目，右边输入表 2-13 中"年薪"的各项设置内容，输入完毕后单击【保存】按钮，系统保存新增薪资项目。按照此方法输入其余各薪资项目，如图 2-47 所示。

② 运用公式计算。如在年薪设置中，内部工龄超过 10 年的员工年薪为 10 万元，内部工龄在 5～10 年的员工年薪为 8 万元，其余内部工龄低于 5 年的员工年薪为 6 万元。公式编辑如图 2-48 所示。

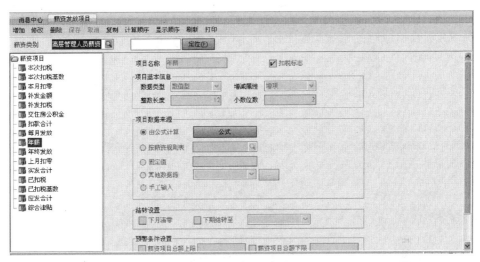

图 2-47　薪资发放项目

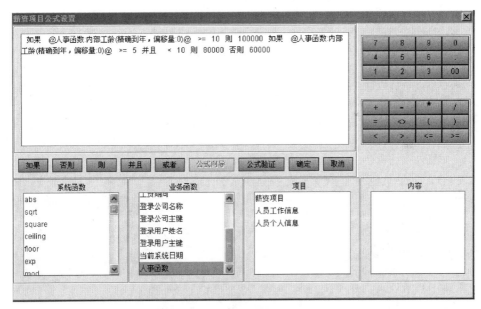

图 2-48　薪资项目公式设置

3. 设置"高层管理人员薪资"的薪资部门

操作步骤：

（1）在主菜单中单击【人力资源】→【薪酬管理】→【发放设置】的子菜单【薪资部门】，系统将弹出"薪资部门"的浏览窗口。

（2）选定工资类别中的"高层管理人员薪资"，同时在"系统部门"中选择"PR 总裁会"，单击【>>】按钮，则"PR 总裁会"及其下属所有部门均被选入右侧方框，如图 2-49 所示。单击【保存】按钮。

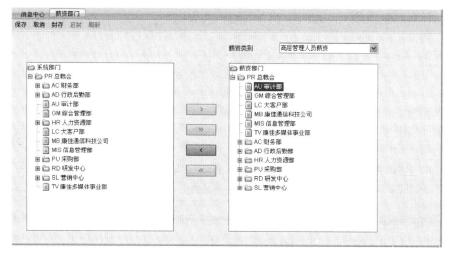

图 2-49　薪资部门

实验十　福利管理

一、实验要求

（1）福利的基础设置。
（2）福利缴交。

二、实验内容

1. 设置福利的基础设置

操作步骤：

（1）根据表 2-14 增加"住房公积金""养老保险基金""失业保险金"和"基本医疗保险"。

表 2-14　福利类别列表

福利类别	开户银行	单位福利账号	福利基数
住房公积金	建设银行	10000001	手工录入基数
养老保险基金	建设银行	10000002	手工录入基数
失业保险金	建设银行	10000004	手工录入基数
基本医疗保险	建设银行	10000003	手工录入基数

（2）在主菜单中进入【人力资源】→【福利管理】→【基础设置】的子菜单【福利类别】，系统将弹出"福利类别"的浏览窗口。单击【增加】按钮，在福利类别名称项目框便可输入"住房公积金"各参数项目。项目输入完毕后，单击【保存】按钮。依次输入其余福利类别，如图 2-50 所示。

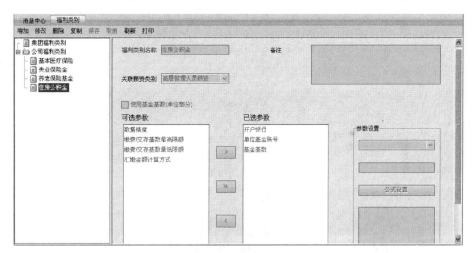

图 2-50　福利类别

（3）在主菜单中进入【人力资源】→【福利管理】→【基础设置】的子菜单【公共福利项目】，系统将弹出"公共福利项目"的浏览窗口。业务类型选择"福利档案"，单击【增加】按钮，在字段名称中输入"已支取利息累计"，字段类型为"币值型"，字段长度为"14"，小数位数为"2"，项目参数输入完毕后单击【保存】按钮。依次输入其余各福利项目，如图 2-51 所示。

（4）在主菜单中进入【人力资源】→【福利管理】→【基础设置】的子菜单【福利部门】，系统将弹出"福利部门"的浏览窗口。在窗口右上方侧选定福利类别"基本医疗保险"，然后在窗口左侧的系统部门里选择"PR 总裁会"，单击【>>】

按钮，系统将把所选部门输入右侧窗口，单击【保存】按钮，如图 2-52 所示。依次设置其余福利类别的福利部门。

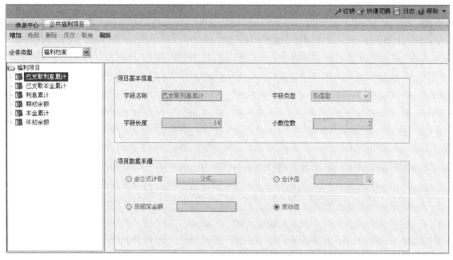

图 2-51　公共福利项目

图 2-52　基本医疗保险福利部门设置

2. 完成财务部门王玉琴的基本医疗保险的福利缴交

（1）王玉琴的基本医疗保险。参见表 2-15。

表 2-15　王玉琴基本医疗保险

人员编码	人员姓名	所在部门	职工账号	账号状态	开户日期	期初余额	年初余额	新增转入类型	本金累计	已支取本金累计	已支取利息累计	利息累计
AC001	王玉琴	财务部	JB2003090401	正常	2003-09-04	85.00	0.00	新增	141.00	56.00	0.00	0.00

（2）操作步骤。

① 在主菜单中进入【人力资源】→【福利管理】→【日常业务】的子菜单【福利档案】，系统将弹出"福利档案"的浏览窗口。单击【增加】，福利类别的参数选择"基本医疗保险"，根据表 2-15 中所列输入各项福利参数内容。单击【确定】进行保存，如图 2-53 所示。

图 2-53　福利档案

② 在主菜单中进入【人力资源】→【福利管理】→【日常业务】的子菜单【福利缴交】，系统将进入"福利缴交"的浏览窗口。福利类别选择"基本医疗保险"，单击【查询】，输入查询条件"人员姓名——王玉琴"，便可显示出王玉琴的福利档案，单击【重新计算】，再单击【审核】，完成"王玉琴"的"基本医疗保险缴交"，如图 2-54 所示。

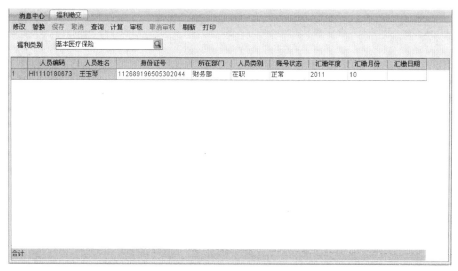

图 2-54　福利缴交

实验十一　员工自助服务

一、实验要求

（1）查询个人信息。
（2）查询福利余额。

二、实验内容

1. 查询"HI1110180671——张军"的个人信息

操作步骤：

（1）以"张军"的用户名进入系统，在【自助服务】主菜单中单击【员工自助】→【个人信息】的子菜单【个人信息查询】。

（2）单击【卡片列表】按钮，选择"1001 人员基本情况登记表"，系统将弹出浏览界面，如图 2-55 所示。

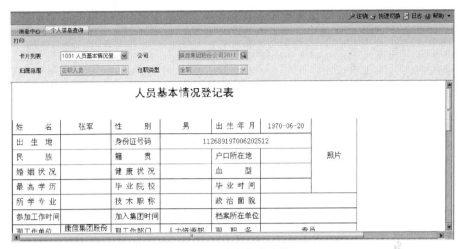

图 2-55　个人信息查询

2. 查询"张军"的福利余额

操作步骤:

(1) 在【自助服务】的主菜单中单击【员工自助】→【个人信息】的子菜单【福利余额浏览】,系统将进入"福利余额浏览"窗口,如图 2-56 所示。

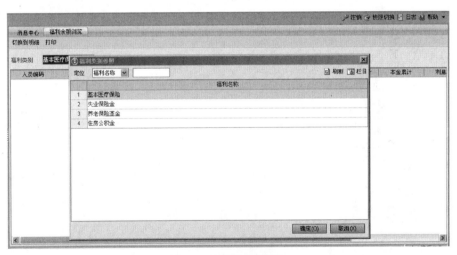

图 2-56　福利余额查询

(2) 选择福利类别"基本医疗保险",单击【确定】按钮,可显示出张军的"基本医疗保险"的福利余额,如图 2-57 所示。

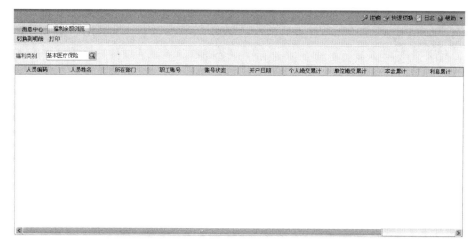

图 2-57 "基本医疗保险余额"查询

实验十二 审批流定义和预警设置

一、实验要求

（1）定义审批流。
（2）设置预警。

二、实验内容

1. 定义一个"部门培训需求"的审批流
操作步骤：
（1）在主菜单中，进入【客户化】→【流程配置】的子菜单【审批流定义】，系统将弹出"审批流定义"的浏览窗口，选择"公司"，并选择"培训管理"菜单下的"部门培训需求"，单击【增加】按钮，如图 2-58 所示。
（2）从右侧的"工具箱"选择"开始""结束""虚活动"，从左边的"参与者"中选择"部门经理"和"人力资源经理"，拖入中间区域，用"工具箱"中的"转移"箭头连接，单击【保存】按钮，如图 2-59 所示。

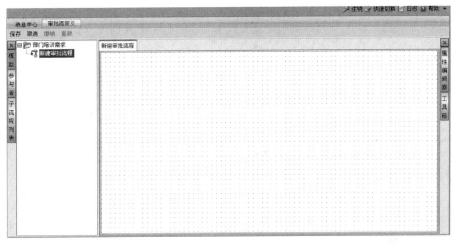

图 2-58　新建审批流程

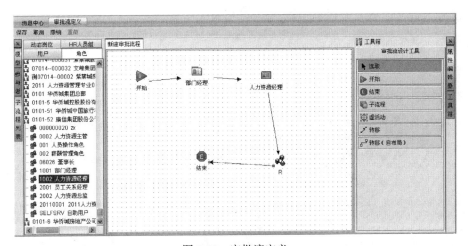

图 2-59　审批流定义

2. 增加一项"生日预警"

操作步骤：

（1）在主菜单中进入【客户化】→【预警平台】的子菜单【预警条件配置】，系统将弹出"预警条件配置"的浏览窗口，选择"条目配置"菜单下的【增加】按钮，如图 2-60 所示。

（2）依次设置"常规属性"，如图 2-61 所示。

（3）设置"预警条件"，"类型"选择"员工生日预警"，如图 2-62 所示。

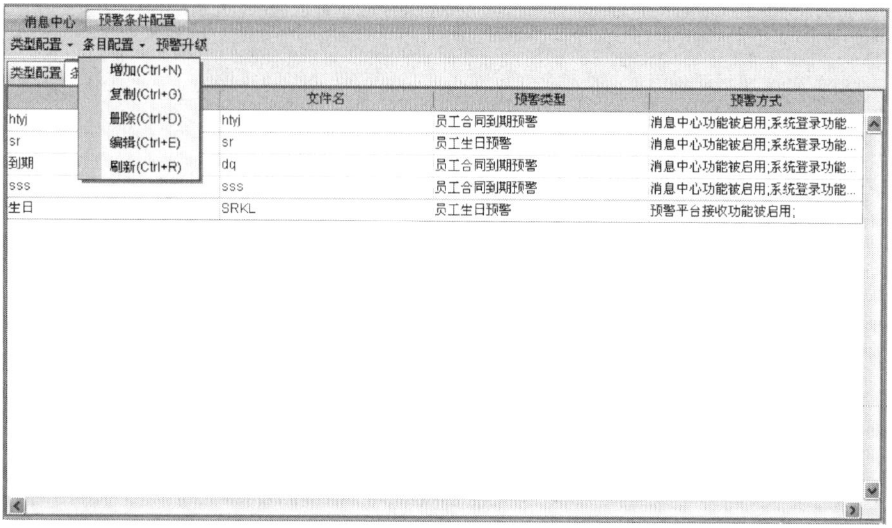

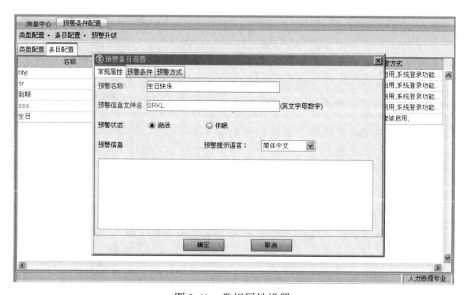

图 2-60　预警条件设置——增加条目配置

图 2-61　常规属性设置

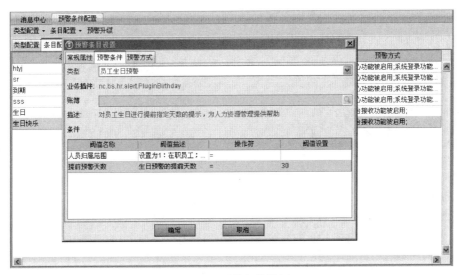

图 2-62　预警条件设置

（4）设置"预警方式"，单击【确定】按钮，如图 2-63 所示。

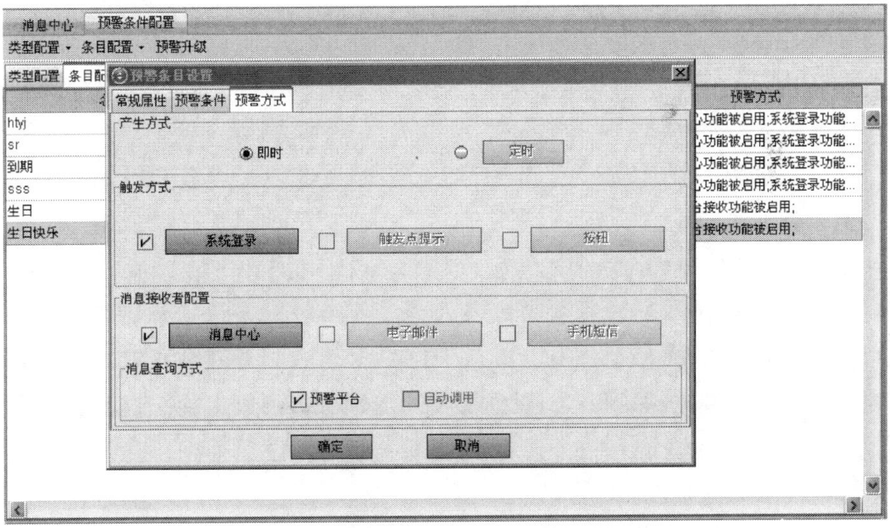

图 2-63　预警方式设置

第三章

e-HR 练习

　　本章以第一章和第二章的理论介绍和实验介绍为基础，针对 e-HR 系统的各个功能模块，以案例为背景设计了相关的练习。通过这些实验，可以熟悉 e-HR 系统的计算机操作，以便更好地认识 e-HR 系统的各个功能模块，从而对人力资源管理有更深入的认识。

　　宏远食品集团有限公司（简称宏远集团）是经山东省工商局注册、国家工商局备案批准的企业集团，是山东省民营企业集团中首家无地域名称限制的集团公司，是中国商业联合会常务理事单位，中国驰名商标，中国餐饮百强企业，被誉为"京城美食头等舱"。

　　宏远集团创立于 1988 年 10 月 18 日，是一家以经营胶东活海鲜为主体的大型餐饮企业联合体。宏远集团在山东、北京两地迅速扩张发展。目前，宏远集团已经拥有总营业面积 9 万平方米、员工近 3000 人，总资产达 16 亿元，现下设山东开元宏远大酒店有限公司、威海梦海宏远大酒店有限公司、威海宏远鲍翅皇餐饮有限公司、山东宏远养生苑酒店有限公司、北京辉煌宏远餐饮有限公司、北京德盛宏远餐饮有限公司、北京金宝街宏远餐饮有限公司、北京锦绣宏远餐饮有限公司 8 家全资子公司，经营横跨山东、北京两大地区。

　　宏远集团以企业文化理念为主导辅以系统的管理体系，以精美的菜品、体贴的服务、高雅的消费环境，创造出了全新的餐饮经营管理模式。

练习一 系统管理与基础设置

1. 设置公司目录

公司的目录信息参见表 3-1。

表 3-1 公司目录信息

	公司编码	01	01-1	01-11	01-12	01-2	01-21	01-22
基本信息	公司名称	宏远食品集团有限公司	宏远集团山东分公司	山东开元宏远大酒店有限公司	威海梦海宏远大酒店有限公司	宏远集团北京分公司	北京德盛宏远餐饮有限公司	北京辉煌宏远餐饮有限公司
	公司简称	宏远集团	山东宏远	开元宏远	梦海宏远	北京宏远	德盛宏远	辉煌宏远
	所有权份额	0	1	0.5	0.6	1	0.7	0.5
	是否控股		√			√		
	经营单位			√	√		√	√
	公司类型						企业法人	
	上级公司		宏远食品集团有限公司	宏远集团山东分公司	宏远集团山东分公司	宏远食品集团有限公司	宏远集团北京分公司	宏远集团北京分公司
	所属行业						餐饮	
	法人代表						王子奇	林克飞
	公司类别	普通公司	普通公司			普通公司	普通公司	普通公司
	纳税人登记号						10988778888	
其他信息	注册资本		30 000 000 元			5 000 000 元	10 000 000 元	
	成立日期	2003-09-01	2000-08-20	1996-09-03	1997-11-09	2002-08-12	1993-07-11	1998-08-04
	法人身份证号码						110×××××××××8531	
	国家地区		中国	中国	中国	中国	中国	中国
	货币种类	人民币	人民币	人民币	人民币	人民币	人民币	人民币
	省/自治区					北京	北京	北京
	主管部门名称			山东宏远	山东宏远		北京宏远	北京宏远
	市县						海淀区	

2. 设置人员类别档案

公司人员的类别档案参见表 3-2。

表 3-2　公司人员类别

单位: 北京德盛宏远餐饮有限公司

人员分类编码	人员分类名称	上级编码	上级名称
003	临时调转		
002	外派		
001	在岗		
001a	管理人员	001	在岗
A11	技术管理人员	001a	管理人员
A12	经营管理人员	001a	管理人员
001e	工人	001	在岗
001s	职员	001	在岗

3. 设置部门档案

公司的部门档案信息参见表 3-3。

表 3-3　公司部门信息

单位: 北京德盛宏远餐饮有限公司

部门编码	部门名称	部门属性	上级部门	电话	地址
PR	总裁会	其他部门		8808	宏远大厦 808
CD	餐饮部	其他部门	总裁会	8801	宏远大厦 801
PD	采购部	采购、销售部门	餐饮部	8810	宏远大厦 810
HD	卫生部	其他部门	餐饮部	8810	宏远大厦 810
FRD	菜品研发部	其他部门	餐饮部	8812	宏远大厦 812
RD	餐厅部	销售部门	餐饮部	8812	宏远大厦 812
SD	保安部	其他部门	总裁会	8803	宏远大厦 803
MD	市场部	其他部门	总裁会	8802	宏远大厦 802
AD	行政部	其他部门	总裁会	8806	宏远大厦 806
HR	人力资源部	采购部门	总裁会	8804	宏远大厦 804
FD	财务部	其他部门	总裁会	8805	宏远大厦 805

续表

部门编码	部门名称	部门属性	上级部门	电话	地址
NW	网络部	其他部门	总裁会	8807	宏远大厦 807
QG	质检组	其他部门	行政部	8811	宏远大厦 804
LG	后勤保障组	其他部门	行政部	8811	宏远大厦 804
GH	警卫室	其他部门	保安部	8809	宏远大厦 809
MR	监控室	其他部门	保安部	8809	宏远大厦 809
DD	发展部	销售部门	市场部	8813	宏远大厦 813
DC	配送中心	其他部门	市场部	8813	宏远大厦 813

练习二　职务职能管理

1. 设置职务信息

公司的职务信息参见表 3-4。

表 3-4　公司职务信息列表

职务类别	职务编码	职务名称
管理类	A1	经理
	A2	经理助理
	CEO	总经理
技术类	B1	总工程师
	B2	工程师
市场类	M3	市场专员
	M1	市场经理
	M2	市场助理
后勤类	D1	主任
	D2	组长
	D3	工人
服务类	S1	主管
	S2	领班
	S3	服务员

2. 设置岗位信息

公司的岗位信息参见表 3-5。

表 3-5　公司岗位信息列表

部门	岗位编码	岗位名称	相应职务	岗位序列	岗位等级	上级岗位	建立日期
财务部	FD1	财务总监	经理	行政类	中级	总裁	1994-03-03
财务部	FD2	审计	专员	行政类	初级	财务总监	1995-09-04
财务部	FD3	会计	专员	行政类	初级	财务总监	1993-09-13
餐饮部	CD1	餐饮部总监	经理	行政类	中级	总裁	1993-08-20
采购部	PD1	采购部经理	专员	市场类	中级	餐饮部总监	1993-09-13
卫生部	HD1	卫生部主任	主任	行政类	中级	餐饮部总监	1993-09-02
卫生部	HD2	清洁工	服务员	工人	初级	卫生部主任	1993-09-26
菜品研发部	FRD1	研发部部长	经理	研究类	中级	餐饮部总监	1995-09-27
菜品研发部	FRD2	研发工程师	工程师	研究类	中级	研发部部长	1995-10-27
餐厅部	RD1	大堂主管	主管	行政类	中级	餐饮部总监	1993-09-02
餐厅部	RD2	领班	服务员	行政类	初级	大堂主管	1993-09-29
餐厅部	RD3	传菜员	服务员	工人	初级	领班	1993-09-02
餐厅部	RD4	服务员	服务员	工人	初级	领班	1993-09-23
保安部	SD1	保安部主任	主任	行政类	中级	总裁	1993-08-08
警卫室	GH1	警卫组长	组长	工人	初级	保安部主任	1993-08-08
警卫室	GH2	保安	工人	工人	初级	警卫组长	1993-07-20
监控室	MR1	监控主任	主任	行政类	中级	保安部主任	1993-09-22
监控室	MR2	监控员	工人	工人	初级	监控主任	1993-09-22
市场部	MD1	市场总监	市场经理	市场类	中级	总裁	1995-09-16
发展部	DD1	发展部经理	市场经理	市场类	初级	市场总监	1996-09-20
配送中心	DC1	配送中心主任	市场经理	市场类	中级	市场总监	1995-06-02
行政部	AD1	行政总监	经理	行政类	中级	总裁	1996-09-20
质检组	QG1	质检组长	组长	行政类	初级	行政总监	1993-09-18
后勤保障组	LG1	后勤组长	组长	行政类	初级	行政总监	1994-09-12
人力资源部	HR1	人力资源总监	经理	行政类	中级	总裁	1998-09-02
人力资源部	HR2	招聘专员	专员	行政类	初级	人力资源总监	1993-09-29

续表

部门	岗位编码	岗位名称	相应职务	岗位序列	岗位等级	上级岗位	建立日期
人力资源部	HR3	薪资专员	专员	行政类	初级	人力资源总监	1994-05-13
网络部	NW1	网络总监	经理	研究类	中级	总裁	1997-03-17
网络部	NW2	网络工程师	工程师	研究类	初级	网络总监	1996-09-27
总裁会	CEO2	副总裁		行政类	高级	总裁	1993-08-29
总裁会	CEO1	总裁		行政类	高级		1993-07-29

练习三　员工信息管理

1. 增加员工信息

员工信息参见表 3-6。

表 3-6　员工信息列表

公司：北京德盛宏远餐饮有限公司

人员编码	人员姓名	部门编码	部门名称	人员类别	岗位名称
	林成平	HR	人力资源部	经营管理人员	薪资专员
	孙勇	HR	人力资源部	经营管理人员	招聘专员
	梁艳清	HR	人力资源部	经营管理人员	人力资源总监
	陈康	CD	餐饮部	经营管理人员	餐饮部总监
	李玲	PD	采购部	经营管理人员	采购部经理
	谢美兰	HD	卫生部	经营管理人员	卫生部主任
	潘业云	FD	财务部	在职	审计
	谭磊政	FD	财务部	经营管理人员	财务总监
	吴肖丽	FD	财务部	在职	会计
	袁以文	FRD	菜品研发中心	经营管理人员	研发部部长
	宁文娇	FRD	菜品研发中心	在职	研发工程师
	黄少华	MD	市场部	经营管理人员	市场部总监
	苏建玲	DD	发展部	经营管理人员	发展部经理

续表

人员编码	人员姓名	部门编码	部门名称	人员类别	岗位名称
	黄丽春	DC	配送中心	经营管理人员	配送中心主任
	何斌	SD	保安部	在职	保安部主任
	黄健超	GH	警卫室	在职	警卫组长
	欧阳飞	MR	监控室	在职	监控主任
	黄秋霞	RD	餐厅部	在职	大堂主管
	谢婷婷	RD	餐厅部	在职	领班
	朱燕辉	AD	行政部	经营管理人员	行政总监
	邓华波	QG	质检组	在职	质检组长
	花朝贵	LG	后勤保障组	在职	后勤组长
	李珍	NW	网络部	在职	网络总监
	陈春梅	NW	网络部	临时调转	网络工程师
	刘煜冰	PR	总裁会	管理人员	总裁
	何家淇	PR	总裁会	管理人员	副总裁

2. 对"谢婷婷"的信息进行修改

3. 按性别分类，对公司的员工进行统计分析

练习四 招聘甄选管理

录入应聘者名单，并转入人才库。

练习五 培训开发管理

1. 填报部门培训需求表，并进行审批

部门培训需求参见表 3-7。

表 3-7　部门培训需求表

需求人	需求部门	培训需求类型	培训类别	培训方式	预计开始时间	预计培训时长	培训时长单位	预计费用总额	预计参训人数	需求紧迫程度
	财务部	标准	计算机培训	在职培训	2002-06-01	2.00	天	0.00	0	紧急
	餐饮部	标准	礼仪培训	在职培训	1998-04-25	4.00	天	0.00	0	紧急

2. 填报餐厅部门培训需求表

餐厅部门培训需求参见表 3-8。

表 3-8　餐厅部门培训需求表

需求人	需求部门	培训需求类型	培训类别	培训方式	预计开始时间	预计培训时长	培训时长单位	预计费用总额	预计参训人数	需求紧迫程度
	餐厅部	标准	英语口语培训	在职培训	2005-09-01	3.00	天	0.00	0	紧急

3. 增加一项培训活动申请

练习六　薪　酬　管　理

1. 增加工资类别

增加"高层管理人员薪资""中层管理人员薪资""基层管理人员薪资"和"汇总工资类别"四种工资类别，并打开"高层管理人员薪资"类别（表 3-9）。

表 3-9　工资类别列表

单位：北京德盛宏远餐饮有限公司

名称	币种	扣税设置	默认税率表	所得项目名称	扣零设置	是否月末制单	是否要复审	是否汇总类别
高层管理人员薪资	人民币	代缴税	代缴税	工资所得	不扣零	是	是	否
中层管理人员薪资	人民币	代缴税	代缴税	工资所得	不扣零	是	是	否
基层管理人员薪资	人民币	代扣税	代扣税	工资所得	不扣零	是	是	否
汇总工资类别	人民币	不扣税		薪资	不扣零	否	否	是

2. 设置"高层管理人员"薪资类别的薪资项目

薪资项目参见表 3-10。

表 3-10　薪资项目列表

单位：北京德盛宏远餐饮有限公司

名称	类型	长度	小数位数	增减属性
应发合计	数值型	12	2	增项
扣款合计	数值型	12	2	减项
实发合计	数值型	12	2	增项
本次扣税	数值型	12	2	减项
本次扣税基数	数值型	12	2	其他项
本月扣零	数值型	12	2	其他项
上月扣零	数值型	12	2	其他项
已扣税	数值型	12	2	其他项
已扣税基数	数值型	12	2	其他项
补发扣税	数值型	12	2	减项
补发金额	数值型	12	2	增项
交住房公积金	数值型	12	2	减项
年终发放	数值型	12	2	增项
综合津贴	数值型	12	2	增项
年薪	数值型	12	2	其他项
每月发放	数值型	12	2	增项
其他补贴	数值型	12	2	增项
交养老保险	数值型	12	2	减项
交失业保险	数值型	12	2	减项
交医疗保险	数值型	12	2	减项
年度绩效系数	数值型	12	2	增项
年度绩效等级	字符型	20	0	其他项

练习七 福 利 管 理

1. 设置福利管理的基础设置

增加"住房公积金""养老保险金""失业保险金""生育保险金""工伤保险金"和"基本医疗保险"（表 3-11）。

表 3-11 福利类别列表

福利类别	开户银行	单位福利账号	福利基数
住房公积金	建设银行	10000001	手工录入基数
养老保险金	建设银行	10000002	手工录入基数
失业保险金	建设银行	10000004	手工录入基数
生育保险金	建设银行	10000005	手工录入基数
工伤保险金	建设银行	10000006	手工录入基数
基本医疗保险	建设银行	10000003	手工录入基数

2. 完成餐厅部门谢婷婷的基本医疗保险的福利缴交

餐厅部门谢婷婷的基本医疗保险的福利缴交参见表 3-12。

表 3-12 基本医疗保险福利缴交信息

人员编码	人员姓名	所在部门	职工账号	账号状态	开户日期	期初余额	年初余额	新增转入类型	本金累计	已支取本金累计	已支取利息累计	利息累计
AC001	谢婷婷	餐厅部	JB1998090406	正常	1998-09-04	85.00	0.00	新增	141.00	56.00	0.00	0.00

练习八　员工自助服务

1. 以"陈康"进入系统，查询其个人信息
2. 查询"陈康"的福利余额和其他信息

练习九　审批流定义和预警设置

1. 定义一个"人员转正申请"的审批流
2. 设置一项"员工合同到期"的预警

参考文献

白冬梅. 2003. 用友软件启动 ERP 用户成果全国联展. 中国企业报, 16: 7.

岑洁. 2010. e-HR: 人力资源管理在信息化时代的产物. 中小企业管理与科技(上旬刊), 2: 73-74.

陈庆, 周剑. 2005. 在"困惑"中彷徨的中国企业 e-HR. IT 时代周刊, 5: 65.

程方升. 2007. e-HR: 信息化时代人力资源管理的新取向. 新资本, 4: 34-37.

邓艳华. 2005. e-HR, 电子商务时代人力资源管理新模式. 特区经济, 9: 220-222.

姜艳, 姜雨. 2010. 集团人力资源管理系统 e-HR 的设计和实现. 信息与电脑（理论版）, 10: 51.

李翠霞. 2008. 基于全面人力资源管理的 e-HR 研究. 贵阳: 贵州大学硕士学位论文.

李则鸣. 2010. 基于.NET 平台的 e-HR 系统的设计与研究. 软件导刊, 5: 114-115.

梁威. 2007. 人力资源管理功能重构与 E-HR 的实施. 商业时代, 8: 50-51.

刘颖. 2009. e-HR 不是 HR 的电子化. 中国计算机用户, (06): 36-37.

邱丘. 2010. 用友 e-HR: 改善和引领人力资源管理进步——访用友苏华先生. 管理@人, (Z1): 143-145.

申蔚. 2009. e-HR 在人力资源管理中的应用模式研究. 商业时代, 24: 59-60.

施展. 2007. 企业人力资源管理信息化的理论与应用研究. 成都: 四川大学硕士学位论文.

魏会生. 2011. 基于 JAVAEE 平台的 E-HR 系统研究与实现. 咸宁学院学报, 6: 20-21.

许杰文. 2010. 汽车制造企业生产性人员优化管理研究——以江铃公司为例. 南昌: 南昌大学硕士学位论文.

张丽, 戴跃洪. 2005. 基于 B/S 结构的人力资源管理系统设计与实现. 成组技术与生产现代化, (03): 40-42, 46.

郑大奇. 2004. e-HR 应用指南: 利用信息技术变革人力资源管理. 北京: 企业管理出版社.

郑琦. 2010. 基于 Internet/Intranet 的港口人力资源管理信息系统的开发与实现. 南京: 南京理工大学硕士学位论文.

朱蓉蓉. 2009. 电子化人力资源管理（e-HR）研究. 西安: 长安大学硕士学位论文.